KB263608

바로간다

롯데쇼핑

바로간다 롯데쇼핑

초판 1쇄 발행 | 2016년 3월 28일

지 은 이 | 서정연, 이재호
발 행 인 | 김영희
기획·마케팅 | 권두리
편   집 | 최은정, 변호이, 김민지
디 자 인 | 김은환, 한동귀, 문강건, 박성민
발 행 처 | (주)에프케이아이미디어(**프리이코노미북스**)
등록번호 | 13-860호
주   소 | 07320 서울특별시 영등포구 여의대로 24 FKI타워 44층
전   화 | 출판콘텐츠팀 | 02-3771-0250, 영업팀 | 02-3771-0245
홈페이지 | www.fkimedia.co.kr
팩   스 | 02-3771-0138
E - mail | tokyobulls@fkimedia.co.kr
I S B N | 978-89-6374-220-5 13320
정   가 | 1만 1,000원

◈ 낙장 및 파본 도서는 바꿔 드립니다.
◈ 이 책 내용의 전부 또는 일부를 재사용하려면 반드시 FKI미디어의 동의를 받아야 합니다.
◈ 내일을 지키는 책 FKI미디어는 독자 여러분의 원고를 기다립니다. 책을 엮기 원하는 아이디어가 있으면
   drkwon@fkimedia.co.kr로 간략한 개요와 취지를 연락처와 같이 보내주십시오.

이 도서의 국립중앙도서관 출판예정도서목록(CIP)은 서지정보유통지원시스템 홈페이지(http://seoji.nl.go.kr)와
국가자료공동목록시스템(http://www.nl.go.kr/kolisnet)에서 이용하실 수 있습니다. (CIP제어번호 : CIP2016006133)

바로 간다 롯데쇼핑

베스트 애널리스트의 분석과
취업멘토 교수의 가이드

서정연·이재호 지음

프리이코노미북스

취업에 왕도는 없지만 바른 길은 있다

사실 취업 준비에 왕도王道가 있을까 싶습니다. 준비한 내용은 같아도 면접관의 성향이나 기호에 따라 그리고 지원자의 당일 컨디션에 따라 당락의 결과가 달라지기도 하는 것이 취업이기 때문입니다. 하지만 면접과정이 다면화·다층화될수록 이런 운運의 요소는 점점 희박해지게 됩니다. 최근 주요 대기업들은 선발의 변별력을 높이기 위해 인·적성 테스트 도입은 물론 자소서를 직무에세이 형식으로, 면접을 합숙 형태의 집합면접으로 전환하였습니다. 여러분도 당연히 이런 채용 프로세스가 탈脫스펙을 위한 것임을 잘 알고 계실 겁니다. 하지만 탈스펙을 위해서 무엇이 가장 필요한지에 대한 인식은 부족한 것 같습니다. 사진, 어학점수, 자격증, 수상 경력, 교환학생 경험 등과 같은 것을 안 본다면 과연 무엇으로 지원자의 역량을 평가할 수 있다고 생각하시는지요?

결국 서면書面과 대면對面 과정에서 지원자의 간절함과 준비 상태로 판단할 수밖에 없습니다. 간절함이란 먼 길을 함께 가도 좋겠다는 확신을 주는 것이고, 준비 상태란 희망 회사에 지원하기 위해 구체적으로 얼마나 많은 고민과 탐구활동을 했는가에 의해서 결정됩니다. 그래서 집합면접장에 들어가면 상황 케이스를 주고 전략이나 아이디어를 도출해보라는 질문이 빈번하게 출제됩니다. 사실 전문가도 이런 질문을 제한된 짧은 시간에 소화하기 어렵습니다. 해법은 면접관이 무엇을 기대하는지를 간파하는 데 있습니다. 입사를 위해 많은 고민을 해봤다면 그래도 '나름의 답을 하지 않을까'라는 면접관의 기대를 충족시키는 것 말입니다.

그래서 취업을 제대로 준비하기 위해서는 기업에 대한 이해가 전제되어야 합니다. 시간에 쫓기다 보면 기업 분석의 필요성은 인정하지만 엄두가 나질 않는다는 생각이 드실 겁니다. '급할수록 돌아가라'는 속담이 있습니다. 급하면 무엇을 해도 몰입할 수 없다는 의미일 것입니다.

본 기업분석 시리즈는 취업 포털의 채용 공고문을 확인하는 순간부터 시작해도 전혀 무방합니다. 서류 심사에서 최종 면접까지 1개월에서 2개월의 기간 동안 본서를 활용하는 것에 시간적 부족함을 느끼지 않을 것입니다. 1장 산업 파트만 읽어도 기업을 분석하는 것에 대한 막연함에서 벗어날 수 있습니다. '멘토의 팁'과 '관련 자료 찾아보기' 코너를 곁들인 이유가 바로 여기에 있습니다. 애널리스트의 친절한 설명과 멘토의 가이드를 따라가다 보면 어느새 회사를 보는 안목이 생기는 것을 깨닫게 될 겁니다. 면접관이 무엇을 중요하게 생각하는지 알게 되므로, 자소서에 어떤 소재를 활용해야 할지 면접에서 어떤 부분을 언급하고 강조해야 할지 자연스럽게 알게 됩니다. **왕도는 없다고 했지만 바른 길은 있습니다. 바로 가는 취업을 원한다면 지금 바로 첫 페이지를 펼쳐보시기 바랍니다.**

글로벌 유통기업,
롯데쇼핑에 지원하려면…

1965년 한일 국교가 정상화되면서 신격호 회장은 한국에서의 첫 번째 투자로 롯데제과를 설립한다. 롯데제과는 롯데의 모기업으로서 한국 식품산업 선진화에 주도적인 역할을 맡는다. 이후 롯데그룹은 한국의 고도성장기였던 1970년대에 롯데칠성음료, 롯데삼강(현 롯데푸드), 롯데리아 등을 연이어 설립하여 국내 최대 식품기업으로 발전하게 된다. 식품산업에 이어 국내 유통, 관광 산업의 현대화 토대를 구축하기 이르는데, 그 시작이 바로 1979년 롯데쇼핑(구 협우실업)의 탄생이다.

식품, 유통, 레저, 관광, 건설, 중화학 분야 등에서 업계 선두의 경쟁력을 갖추고 있는 롯데그룹은 현재 '2018 아시아 TOP 5 글로벌 그룹'이라는 비전 달성을 위해 적극적인 사업 확장과 해외 진출 가속화를 진행 중이다. 국내 유통업에서 명실상부한 1위의 외형을 자랑하고 있는 롯데쇼핑 역시 중국, 베트남, 인도네시아 등 해외 진출을 본격화하며 규모의 경제를 갖추려는 노력이 한창이다.

유통 각 분야에서 뛰어난 경쟁력과 노하우를 보유하고 있는 롯데쇼핑이지만, 주식 추천을 업으로 삼고 있는 저자가 투자자의 입장에서 볼 때는 짚어보아야 할 포인트들이 산재해 있는 것이 사실이다. 국내 소비 트렌드가 변화하고 있는 상황에서 이익의 절반가량을 차지하는 백화점사업 부문의 수익성 하락을 어떻게 헤쳐나갈 것인지, 해외 사업에서 이익이 가시화되는 시점은 언제인지 등이 관전 포인트라 하겠다.

또한 2015년 하반기 이후 롯데그룹은 2세 경영승계 문제와 롯데호텔의 시내 면세점사업 재승인 문제를 두고 유통 업계 이슈의 중심에 서 있는 상황이다. 지분 관련 이슈는 어느 기업이든 민감한 사안이다. 하지만 중요한 것은 롯데쇼핑을 위시한 롯데그룹 계열사들이 2세 경영승계 작업 이후 어떤 전략을 통해 국내 소비 부진과 해외 사업 진출 난항 과제를 해결해나갈 것인지에 대한 고민이다. 롯데쇼핑에 지원하는 취업준비생이라면, 국내 최대 규모의 유통사인 **롯데쇼핑의 현재 고민이 무엇이고, 이를 어떻게 헤쳐나갈 수 있을 것인지 회사의 입장이 되어 깊이 생각**해보고 해결책을 스스로 제시해보는 연습을 하는 것도 좋은 준비가 될 것이라 생각한다.

2006년 공모가 40만 원으로 출발한 롯데쇼핑의 최근 주가는 여전히 이를 많이 밑돌고 있다. 물론 주가가 회사의 전부를 대변해줄 수는 없다. 하지만 성장하고 좋아지는 회사를 가장 먼저 알아보는 것도 시장 참여자들이며 이것을 증명하는 지표가 바로 주가다. 창의적인 아이디어와 문제해결력, 끈기를 가진 많은 젊은 인재가 롯데쇼핑에 입사하여 롯데쇼핑 주가 대세 상승의 주역이 되어주기를 바란다.

목차

● 이 책을 읽기 전에
1_취업에 왕도는 없지만 바른 길은 있다(이재호)
2_글로벌 유통기업, 롯데쇼핑에 지원하려면…(서정연)

● 한눈에 본다, 롯데쇼핑

CHAPTER 01 산업: 쇼핑문화를 주도하는 유통계 거물

01 고마진 상품을 파는 유통업의 기본 원리
유통 수익구조를 알면 산업이 보인다 _018
성장과 수익의 완성은 '마진율' _020
국내 1등 유통기업이라 불리는 이유 _022

멘토의 팁 » 용어와 전략을 나와 결합시키기
　　　　　 » 시장 관련 수치 외우기

02 다양한 분야로 진출한 핵심 사업
주력 사업은 여전히 백화점 _025
해외 점포가 더 많은 롯데마트 _029
금융도 품은 롯데쇼핑 _033
꾸준히 성장하는 홈쇼핑과 슈퍼 _035

멘토의 팁 » 롯데백화점 영업 현황 알아보기
　　　　　 » 해외 사업 비전과 전략 고민하기
　　　　　 » 카드 회원 수를 늘릴 전략 짜보기

관련 자료 » 금감원, 〈롯데쇼핑 사업보고서〉
　　　　　 » 검색 키워드, '롯데마트 영업 전략'
　　　　　 » 검색 키워드, '홈쇼핑시장 현황', '편의점시장 현황'

CHAPTER 02 시장: 토착화 성공의 주역, 롯데쇼핑

01 소비자 정신에 맞춘 유통의 발전

상품이 가장 다양하고 규모가 큰 백화점 _040
백화점의 부진과 인터넷쇼핑몰의 성장 _042

멘토의 팁 » 업무 이해도와 기획력 강화하기
관련 자료 » 검색 키워드, '유통 기획서'

02 저성장에 접어든 국내 소비

소비트렌드의 변화와 유통의 한계 _045
소비문화를 살린 소싱의 역할 _047

멘토의 팁 » 통합소싱 개념 이해하기
관련 자료 » 검색 키워드, '유통업체 소싱 전략'

02 세계 순위 40위에 선 글로벌 기업

세계적으로 인정받은 국내 1등 쇼핑기업 _050

멘토의 팁 » 글로벌 유통기업의 성공 요인 탐색하기
관련 자료 » 유통 전문 잡지의 과월호 속 숨은 정보들

CHAPTER 03 경영 이슈: '아시아 TOP 5 글로벌 기업'으로 도약

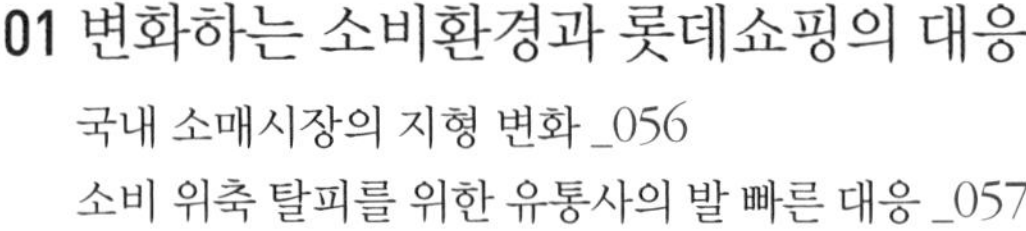

01 변화하는 소비환경과 롯데쇼핑의 대응
국내 소매시장의 지형 변화 _056
소비 위축 탈피를 위한 유통사의 발 빠른 대응 _057

02 경기침체를 넘어설 자구책
다시금 주목받는 '아울렛' _060
향후 귀추가 주목되는 편의점사업 _073
적극적으로 나선 해외 사업 _077

멘토의 팁 » 아울렛 비즈니스 관련 세 가지 질문 던지기
» 현지화 전략 분석하기
관련 자료 » 검색 키워드, 『바로 간다 GS리테일』

03 늘 따라다니는 규제
유통업에 대한 정부의 규제 기준 _081
모두를 긴장하게 만든 편의점 규제 _084

멘토의 팁 » 정부의 규제 내용 숙지하기
관련 자료 » 검색 키워드, '유통산업발전법', '공정거래위원회 업태별 모범거래기준'

CHAPTER 04 경영 요소: 초일류 아시아 대표 글로벌 유통기업

01 다양한 채널을 가진 사업 구조
오프라인과 온라인을 총망라 _092
수많은 사업부를 거느린 조직구조 _093

멘토의 팁 » 직무구조의 본질 이해하기

02 SWOT 분석으로 본 롯데쇼핑 _097

멘토의 팁 » 사업 진단과 전략 설정 중요성 탐색하기
관련 자료 » 검색 키워드, 'SWOT 분석'

03 숫자로 보는 롯데쇼핑의 구조
크게 5개의 사업부로 구분되는 실적 _100
연결종속회사와 롯데쇼핑의 매출 현황 _103
주력 사업의 부진으로 인한 주가 정체 _109

멘토의 팁 » 기본 데이터 숙지하기
» 기본 사업 현황 정리하기
관련 자료 » 검색 키워드, '거시경제 변수'

CHAPTER 05 문화: 성공 DNA를 가진 시장의 리더 롯데人

01 롯데쇼핑이 걸어온 유통 강자의 길
직진출과 M&A를 통한 외형 성장 _116

멘토의 팁 » '위기'라는 단어 활용하기

02 고객 곁에 더 다가가고 싶은 기업
슬로건에서 드러나는 고객 가치 _123
롯데인이 추구하는 핵심 전략 세 가지 _124

멘토의 팁 » 산업 이슈 정리하며 교훈과 시사점 찾기
» 업계 용어 노트 만들기

한눈에 본다, 롯데쇼핑

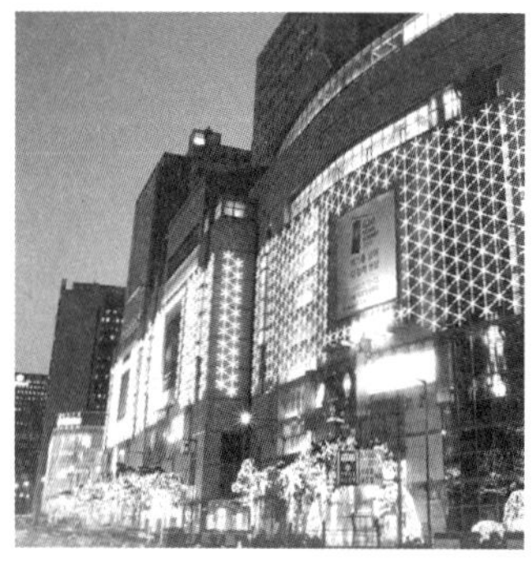

설립일	1979년 11월 15일
자본금	1,452억 원
직원 수	11,000여 명(협력사 포함 63,000여 명)
점포 수	60개점(영플라자 3개점, 아울렛 15개점, 해외 8개점 포함)

롯데쇼핑의 주력 사업인 롯데백화점은 개점 이래 국내 1위 백화점의 위치를 공고히 하고 있다. 공격적인 투자를 통해 백화점, 아울렛, 복합 쇼핑몰, 패션 사업 등 다양한 분야에서 선도적인 위치를 차지하고 있다. 나아가 2018년에는 GLOBAL TOP 5 유통기업으로 성장한다는 비전을 가지고 중국, 러시아, 베트남, 인도네시아 등 해외 사업에도 역량을 집중하고 있다. 롯데백화점은 6년 연속 DJSI 월드 부문, 5년 연속 RETAIL SUPERSECTOR LEADER, 포브스 선정 글로벌 500대 기업, GWP KOREA 대한민국 일하기 좋은 100대 기업 대상을 수상하였다.

롯데쇼핑 발전사

연도	내용
1970년 7월	협우실업㈜ 설립(롯데쇼핑 모태)
1975년 12월	롯데미도파 기업공개
1979년 11월	협우실업㈜에서 롯데쇼핑㈜으로 상호변경
1994년 8월	㈜코리아세븐 인수(백화점 CVS 사업부)
1998년	롯데쇼핑 할인점 강변점 1호점 오픈
1999년 10월	롯데쇼핑 시네마 일산 사업장 오픈
2000년 9월	롯데브랑제리 설립
2002년	롯데미도파 그룹 계열사 편입, 롯데카드 주식회사 설립
2003년 11월	롯데카드 출시
2006년 2월	롯데쇼핑 유가증권시장 상장
2007년	우리홈쇼핑 인수(롯데홈쇼핑으로 채널명 변경)
2008년	중국 및 인도네시아 Makro 인수(총 마트 27개점), 롯데쇼핑 베트남 1호 남사이공점 개점
2009년 12월	중국 Times 인수(마트 57개점, 슈퍼 11개점)
2010년	바이더웨이·코리아세븐 합병, 이비카드 인수, GS로부터 백화점 및 할인점사업 부문 인수
2012년 12월	롯데하이마트, 롯데쇼핑 종속회사에 편입

롯데백화점 에비뉴엘 월드타워점 오픈

위치	서울시 송파구
업태	럭셔리 패션 전문관
면적	2만 9,800평방미터(매장 면적)
입점 브랜드	220여 개

2015년 10월 14일, 새롭게 문을 연 롯데월드몰에 롯데백화점 에비뉴엘 월드타워점을 오픈했다. 지하 1층에서 지상 6층 규모의 에비뉴엘 월드타워점은 에르메스, 샤넬, 루이비통 등 해외 명품 브랜드 90여 개를 비롯해 220여 개의 국내외 브랜드가 입점한 국내 최대의 럭셔리 패션 전문관이다.

롯데백화점의 새로운 슬로건

'러블리 라이프Lovely Life' 슬로건 선포

롯데백화점은 2015년 창립 35주년을 맞이해 고객에게 행복한 경험과 풍요로운 삶을 제공하겠다는 의지와 약속을 담는다는 뜻으로 새로운 기업 슬로건 '러블리 라이프Lovely Life'를 선포했다. 회사 내부에서는 러블리 어워즈lovely Awards제도를 마련하여 고객 만족에 기여한 직원과 협력사에 월·분기·연 단위로 포상을 하기로 했다. 향후 다양한 활동을 통해 러블리 라이프의 가치를 지속적으로 실현해나가고자 한다.

(2014년 말 기준)

롯데백화점

국내 점포 수
백화점 35, 아울렛 14

해외 점포 수
러시아 1, 중국 5, 인도네시아 1, 베트남 1

한국 유통시장의 역사라고도 할 수 있는 롯데백화점은 고객제일이라는 경영이념을 바탕으로 국내 최고 규모의 백화점으로 성장해왔다. 앞으로 국내를 넘어 글로벌 기업으로 발전하기 위해 도약하고 있다.

롯데마트

국내 점포 수
115

해외 점포 수
중국 103, 인도네시아 38, 베트남 10

1998년 강변점 오픈을 시작으로 현재 전 세계 다수의 매장을 운영하며 2009년에는 국내외 매장 수 1위를 달성하였다. 첨단시설과 교통, 편리한 입지와 고품질 상품을 최저가격으로 판매하는 전략을 세우고 있다.

롯데슈퍼

국내 점포 수
1,280

해외 점포 수
중국 17

롯데슈퍼마켓사업본부로 2001년 설립된 이래 국내 최초 300개점 돌파, 현재까지 꾸준히 점포를 늘려가고 있다. 소비자들이 보다 가까운 거리에서 쾌적한 쇼핑을 즐길 수 있도록 새로운 슈퍼마켓 문화를 만들어가고 있다.

롯데시네마

국내 극장 수/스크린 수
103/725

해외 극장 수/스크린 수
중국 11/87, 베트남 16/73

순수 국내 자본과 기술로 설립된 멀티플랙스 체인으로 1999년 10월 일산관 오픈을 시작으로 전국 체인망을 형성해왔다. 국내 최초로 '원스톱 엔터테인먼트'가 가능한 복합문화공간을 탄생시켰다.

출처 : 롯데쇼핑

임직원 현황

(단위: 명)

구분	2011년	2012년	2013년	2014년
전체 인원	25,777	25,777	29,204	32,013
남	8,566	8,912	9,952	10,784
여	17,211	17,571	19,252	21,229
신규 채용	1,357	1,357	1,186	1,249
남	1,002	1,103	768	661
여	355	411	418	588
장애인	446	446	496	635

인사담당자의 자소서·면접 팁

자기소개서 작성 팁

롯데그룹 자기소개서는 각 계열사별 상이한 문항으로 구성되어 있다. 즉, 회사별로 요구하는 역량과 자질이 다르기 때문에 보다 효과적인 전형 진행과 적절한 인재 선발을 위해 각 사의 특성에 맞는 질문들을 제시한다. 따라서 다른 회사에 사용한 비슷한 자기소개서를 그대로 활용하는 것보다는 지원하는 회사에 대한 관심과 이해가 느껴질 수 있도록 작성하는 것이 중요하다. 단순히 자신의 능력과 경험을 의미 없이 나열하지 말고 회사에 지원한 목적과 그곳에서 이루고자 하는 비전을 명확히 제시하는 것이 좋다. 또한 자기소개서는 서류전형뿐 아니라 향후 면접전형에서 더욱 중요하게 활용되기 때문에 능력과 경험을 자신의 본 모습 그대로 솔직하게 보여주는 것이 좋다. 불필요한 미사여구를 남발하거나 지나칠 정도로 화려하게 포장된 자기소개서는 오히려 독이 될 수 있다.

면접 팁

면접은 입사지원서상의 신뢰감을 검증받는 자리로서의 의미를 갖는다. 면접은 지원자의 잠재역량을 파악하기 위해 본인의 경험을 바탕으로 진행된다는 점에 유의하여, 보다 사실에 근거하여 답변하는 것이 중요하다. 흔히 평가되는 학교, 학점, 어학성적, 자격증보다는 롯데에 대한 지원자의 열정과 의지를 본다. 면접에서 본인이 롯데에 입사하고자 하는 투철한 의지를 보여준다면 면접관으로부터 높은 점수를 받을 수 있다. 물론 예의 바른 복장, 즉 단정한 복장은 면접의 기본이다. 당연한 이야기일 수도 있지만 옷은 깨끗이 다려 입고, 머리는 단정히 빗고 항상 미소를 머금으면서, 대답은 간결하면서도 스마트하게 하는 것이 좋은 점수를 받을 수 있다.

롯데쇼핑

01

산업:
쇼핑문화를
주도하는 유통계 거물

'유통공룡'이라고 불리는 롯데쇼핑. 유통업이라면 손대지 않는 사업이 없다는 말을 들을 정도로 대부분의 업태에 관여하고 있기 때문에 붙여진 별명입니다. 롯데쇼핑의 각 사업부는 동종 업계 내 경쟁우위를 점하고 있기도 합니다. 롯데가 유통산업 발전에 어떤 영향을 주었는지, 또 앞으로는 유통업의 판도를 어떻게 변화시킬지 분석해봅시다.

01

고마진 상품을 파는
유통업의 기본 원리

유통 수익구조를 알면 산업이 보인다

우리나라 유통 대기업인 롯데쇼핑을 공부하기에 앞서, 유통업 수익구조를 먼저 익힐 필요가 있다. 특정 산업에 관심이 있다면 그 산업이 어떤 방법으로 돈을 버는지 자세히 알아야 한다. 수익구조를 익혀야 실적을 읽을 수 있고, 회사가 지속적으로 성장하기 위해 어떤 사업에 투자해야 할지 어느 부문에는 투자하면 안 될지에 대한 혜안도 생긴다는 것이 저자의 생각이다. 또한 유통업체의 실적을 결정하는 핵심 요인이 무엇인지를 분석해보면, 회사의 전략이 성장과 수익 중 한 가지에만 편향되어 있지는 않은지를 가늠해볼 수도 있기 때문에 역시 중요하다.

[Fig 01]은 유통업태별 매출총이익률과 영업이익률을 비교한 표이

다. 할인점, 롯데하이마트와 같이 재고 매입 후 판매를 하는 업체들을 제외하면, 유통업에서 매출총이익률이란 이들이 입점 업체들로부터 수취하는 판매수수료율에 해당하는 개념이다. 일반적으로 매출총이익률에서부터 이미 영업이익률 수준도 거의 결정되기 때문에 애초에 수수료(마진)를 높이 받을 수 있는 유통 채널이 고마진 사업군에 속한다. 한편, 같은 채널이라 할지라도 상품 카테고리별로 수수료율은 다를 수 있다. 또한 같은 채널, 동일한 상품이라도 지역별로 수수료율은 다를 수 있다. 이는 근본적으로 지대(땅값) 차이에서 비롯된다. 결론적

Fig 01

유통업태별 수익성 비교 – 매출총이익률이 높은 업태가 영업이익률도 높아

구분	백화점	TV홈쇼핑	할인점/하이마트	아울렛	인터넷 쇼핑몰	소셜 커머스
매출총이익률(%)	30~35	35~40	25	20	15	10
영업이익률(%)	8~10	6~8	4~6	4~6	손익분기점	적자

참고: 업계의 일반적인 사항이며 특정 업체는 이와 다를 수 있음

Fig 02

상품 카테고리별 판매수수료율 비교 – 동일한 채널이라도 상품과 지역에 따라 수수료율 다를 수 있어

품목	판매수수료율(%)	품목	판매수수료율(%)
패션잡화	35~40	소형가전	25~30
숙녀복, 골프웨어	35~40	대형가전	7~15
신사복	15~30	해외명품잡화	1~5
화장품	30~35	해외명품 패션의류	8~15
주방용품	25~30	SPA 브랜드	10~20

으로 유통업의 수익성은 고마진 상품을 고마진 채널에서 판매할수록 극대화된다는 것이 유통업 수익구조의 근본 원리다.

성장과 수익의 완성은 '마진율'

이제 유통업의 업태별 사업 전략을 분석해보자. 외형 성장과 수익 확보가 기업가치를 높이는 근간이라면, 유통업에서 성장과 수익은 '트래픽(고객)'을 유도하여 '마진율' 높은 상품을 많이 판매함으로써 달성된다. 트래픽을 유도하는 방식과 마진율을 높이려는 방식은 업태별·업체별로 다른데, 결국 성장과 수익의 연결고리를 찾을 법한 기업을 찾는 것이 우리의 과제이다.

[Fig 03]에 업체별, 업태별 기업가치 상승 전략을 정리하였다. 백화점은 아울렛, 복합쇼핑몰 출점을 통해 트래픽 유도를 꾀하고 있으나, 과거 대비 고마진 상품의 판매 비중이 감소하고 있다는 약점을 안고 있다. 대형마트는 온라인쇼핑몰, 모바일쇼핑몰 채널을 강화함으로써 고객을 유도하고 PB상품(자체생산브랜드) 및 패션 MD를 강화함으로써 수익성 개선도 꾀하고 있다. 편의점의 경우 경쟁 출점에 따른 가맹점주 상생 문제에 부딪히며 일시적으로 출점을 자제함에 따라 성장이 주춤한 상황이나, 담배 비중을 축소하고 F/F(Fresh Food) 및 PB상품을 확대하여 수익성을 높여가는 중이다. 급식 및 식자재유통사업자는 외식업 및 HMR상품(가정대체식) 제조를 확대하며 외형 성장을 꾀하고는

있으나 초기 투자비가 많이 들어 단기적으로 수익성이 악화되는 것을 감수해야 하는 상황이다. 홈쇼핑사업자들도 외형 성장을 위해 모바일 채널을 확대하는 전략을 펴고 있지만, 이 역시 마케팅이 수반되어야 하는 일이라 수익성에 악영향을 미치고 있다.

유통업 수익구조의 근간과 업태별 투자 전략 – 유통업의 기본은 '손님을 많이 오게 유도'하여 '마진 높은 상품을 많이 파는' 것

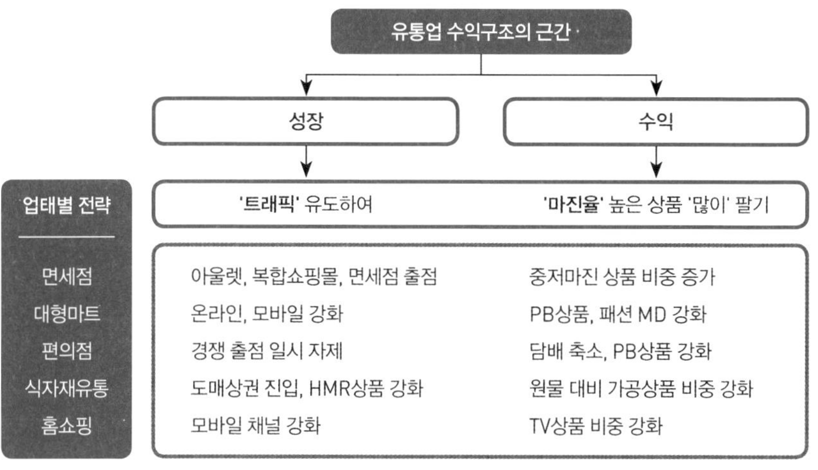

멘토의 Tip ❶   용어와 전략을 나와 결합시키기

용어 활용과 전략들을 자신과 결합시키는 노력을 해봅시다.
본문에 설명되어 있는 유통회사의 수익창출 구조에 대해 확실하게 숙지하기 바랍니다. 특히 '트래픽을 유도한다', '마진율 높은 상품 팔기' 같은 유통업 용어들을 자소서에 적절하게 삽입하기만 해도 남과는 차별

화된 느낌을 줄 수 있습니다. 또한 표에 제시되어 있는 트래픽 유도나 마진율 높은 상품을 팔기 위한 세부 전략들을 살펴보면서 자신이 기여할 수 있는 부분을 탐색하는 일이야말로 합격 확률을 높일 수 있는 중요한 전략이 될 수 있습니다. 간단한 예를 보겠습니다. 대형 유통산업의 트래픽 유도를 위한 전략으로 온라인과 모바일의 강화라는 주제가 표에서 제시되어 있습니다. 그렇다면 불황을 겪고 있는 유통업이라 하더라도 모바일에 대한 이해도와 소양을 겸비한 인재라면 적극 선발하고자 할 겁니다. 만일 자신이 이런 부분에 어필할 수 있는 스토리나 콘텐츠가 있다면 이를 공략 포인트로 활용하라는 것입니다. 유통업이라고 해서 유통만 생각하는 자세는 빨리 버려야 합니다.

국내 1등 유통기업이라 불리는 이유

롯데쇼핑은 '유통공룡'이라는 별명이 있다. 유통업이라면 손대지 않는 사업이 없다는 말을 들을 정도로 대부분의 업태에 관여하고 있어서 붙여진 별명이다. 롯데라고 하면 롯데백화점, 롯데마트 정도를 떠올리는 것은 겉핥기 수준에 불과하다. 여러 영역의 유통 카테고리에 발 담그고 있는 것도 놀랍지만, 롯데쇼핑의 각 사업부 대부분이 동종업계 내 경쟁우위를 점하고 있다는 점에서 더욱 경이롭다.

매출액을 기준으로 롯데백화점은 45%의 시장점유율을 기록하며 백화점 업계에서 명실상부한 1위 자리를 유지해오고 있다. 슈퍼마켓 역시 상위 사업자 중심으로 53%의 시장점유율을 보유한 업계 1위 사업자이다. 할인점사업부는 이마트, 테스코(홈플러스)에 이어 3위를, 편의점은 BGF리테일(CU), GS25에 이어 3위를 점하고 있다. 특히 편의점의 경우 1, 2, 3위가 서로 미미한 차이로 점유율 경쟁을 하고 있어 회사 정책의 변화에 따라 순위는 얼마든지 뒤바뀔 수 있는 상황이다. 뿐만 아니라 홈쇼핑도 GS홈쇼핑, CJ오쇼핑, 현대홈쇼핑에 이어 4위 사업자의 지위를 점하고 있다. 이들 외에도 롯데쇼핑은 롯데카드, 롯데하이마트를 주요 종속회사로 보유하고 있어 금융과 가전제품유통 분야에도 진출해 있다.

Fig 04

사업 부문별 동종 업계 시장점유율

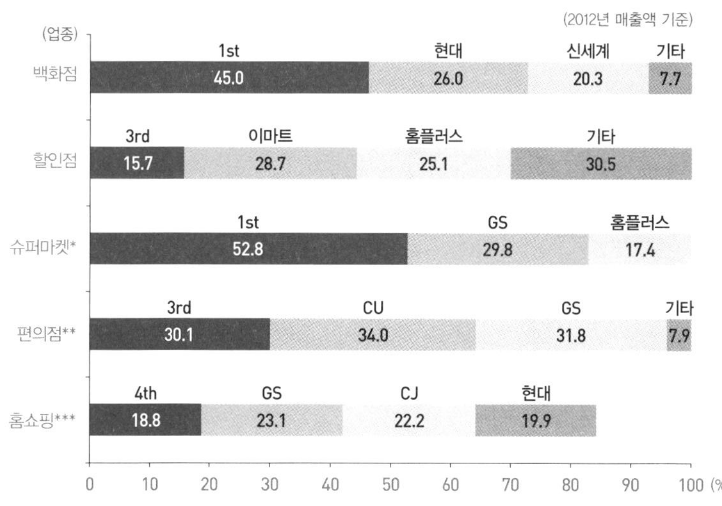

자료: 롯데쇼핑
*CS유통 포함. 상위 3위 업체 내에서의 시장점유율
**바이더웨이 포함. 점포 수 기반으로 점유율 계산
***상위 3개 업체 내에서의 시장점유율

 **시장 관련 수치들을 되도록 많이 외어봅시다.**

　롯데쇼핑이 영위하고 있는 백화점, 할인점, 슈퍼마켓, 편의점, 홈쇼핑 등의 각 영역별 시장 내 순위 정도는 암기해두기 바랍니다. 면접 과정에서 실제 이런 수치들에 대한 질문은 잘 안 하겠지만 시장 참여자들의 현황이나 시장 내 비중 등은 상식으로 알고 있어야 하기 때문입니다. 시장 관련 수치들에 대한 암기 내용이 많을수록 면접에서 다양한 시각으로 자신의 의견을 전달할 수 있기 마련입니다.

02

다양한 분야로
진출한 핵심 사업

주력 사업은 여전히 백화점

롯데쇼핑이 백화점, 할인점, 금융, 하이마트, 홈쇼핑, 편의점, 슈퍼 등 유통업 전반에 걸쳐 다양한 사업을 운영하고 있지만, 여전히 가장 주력하는 사업이라 할 수 있는 것은 백화점이다. 롯데백화점은 롯데쇼핑 연결총매출액과 영업이익에서 각각 30%, 47%를 차지하고 있기 때문이다. 매출액 비중은 백화점과 할인점이 비슷한 수준이나 영업이익 기여도 측면에서는 백화점이 절반에 가까운 비중을 차지하고 있기 때문에 백화점사업의 중요도가 높을 수밖에 없다. 롯데백화점 점포는 운영 형태별로 직영점, 위탁점, 영플라자, 아울렛으로 구분된다. 해외에서도 백화점을 운영하고 있는데 대규모 장치산업이기에 손익분기점에 도달하는 시간이 오래 걸린다. 중국과 인도네시아, 베트남에 신규 출점을 꾸준히 하고 있는 상황이라 당분간 해외 백화점의 영업흑자 전환은 어려울 전망이다. 국내 백화점 점포 수는 2014년 말 기준 49개이다. 이 중 향후 성장세가 가파를 것으로 예상되는 점포는 아울렛이다. 2014년 롯데 아울렛은 총 14개점으로 백화점 점포 수에 포함되어 있다.

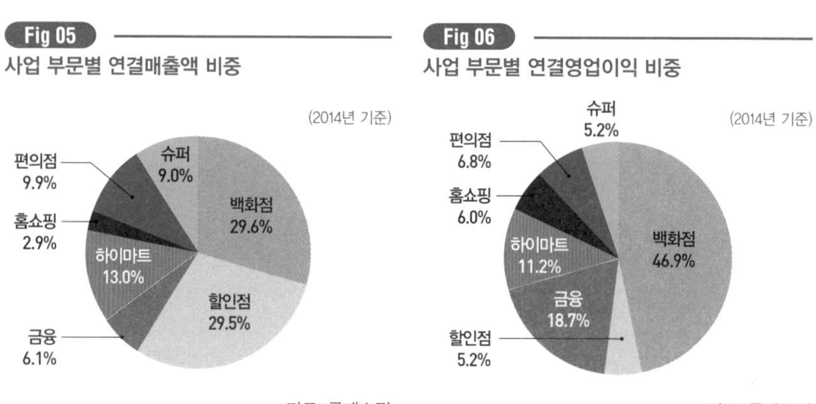

Fig 07

롯데백화점 형태별 점포 현황

구분	개수	점포
직영	31	명동 본점, 잠실, 청량리, 부산, 관악, 광주, 분당, 부평, 일산, 대전, 강남, 포항, 울산, 동래, 창원, 안양, 인천, 노원, 상인, 전주, 미아, 부산 센텀시티, 건대 스타시티, 부산 광복, 중동, 구리, 안산, 김포공항, 평촌 등
위탁	2	영등포, 대구역
영플라자	2	청주, 대구
아울렛	14	광주 월드컵, 광주 수완, 대구 율하, 청주, 서울역, 이시아폴리스, 김해 프리미엄, 파주 프리미엄 등

구분	개수		점포
해외	5	중국	텐진동마로, 웨이하이, 텐진문화중심, 청두, 선양
	1	베트남	하노이
	1	인도네시아	자카르타
	1	러시아	모스크바

자료: 롯데쇼핑

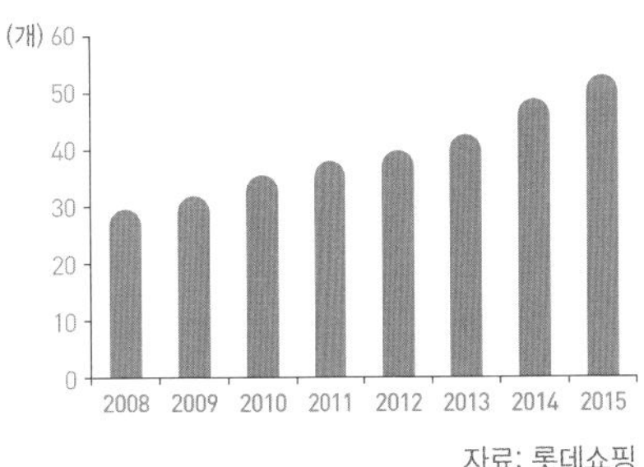

Fig 08

국내 롯데백화점 점포 수

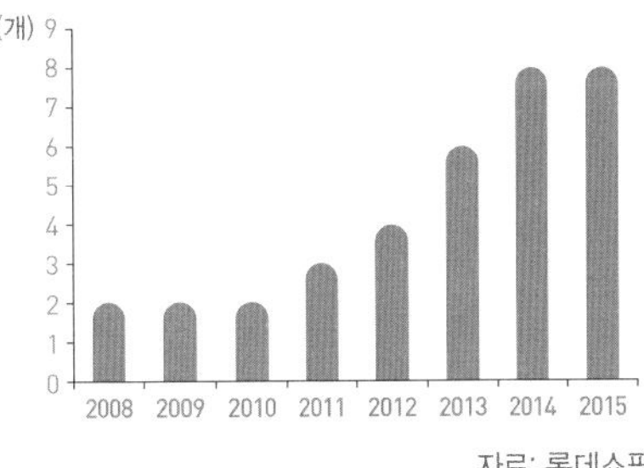

Fig 09

해외 롯데백화점 점포 수

주력 사업인 백화점이 최근 몇 년 동안 부진한 업황 속에 있다. 국내 백화점 매출액과 영업이익이 역신장하고 있는 모습이 이를 증명한다. 백화점 성장을 가늠하는 척도로 사용하는 용어는 '기존점 신장률Same Store Sales'로 신규 오픈한 점포를 제외하고 기존에 있던 점포의 매출 성장률이 얼마인지를 나타내는 지표이다. 출점으로 인한 성장이 아닌 기존 사업의 순수한 성장률Organic Growth을 보고자 함이다. 최근 기존점 신장률은 소폭의 마이너스 성장률을 기록하며 업황 부진을 대변해주고 있다.

한편, 해외 백화점 역시 매출액은 꾸준히 증가하고 있으나 영업적자가 부담스러운 상황이다. 특히 중국에 출점한 백화점이 좀처럼 효율을 높이지 못하고 있는데, 이는 중국에 이미 수천 개의 로컬 백화점이 성업하고 있는 상황에서 입지를 다지지 못해 경쟁 우위를 점하지 못함으로써 발생한 열위인 것으로 파악된다. 국내 백화점사업이 안정에 접어들고 해외 백화점이 흑자 전환을 해야 회사는 숨통이 트일 것으로 생각되며, 이를 위한 전략이 필요한 상황으로 보인다.

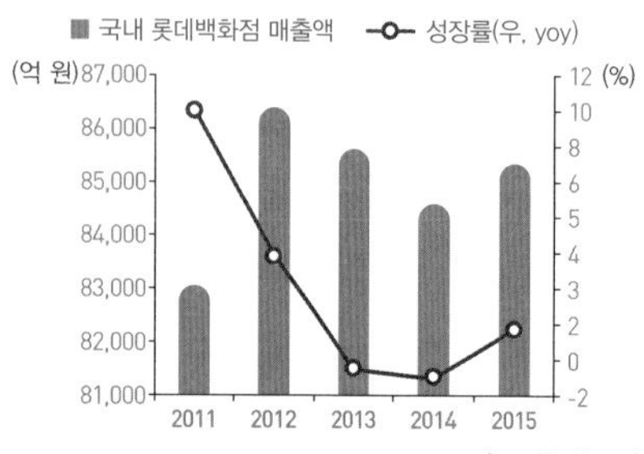

Fig 10
국내 롯데백화점 매출액 – 역신장 추세
국내 롯데백화점 매출액
성장률(우, yoy)
(억 원)
(%)
87,000
86,000
85,000
84,000
83,000
82,000
81,000
12
10
8
6
5
4
3
2
0
-2
2011
2012
2013
2014
2015
자료: 롯데쇼핑

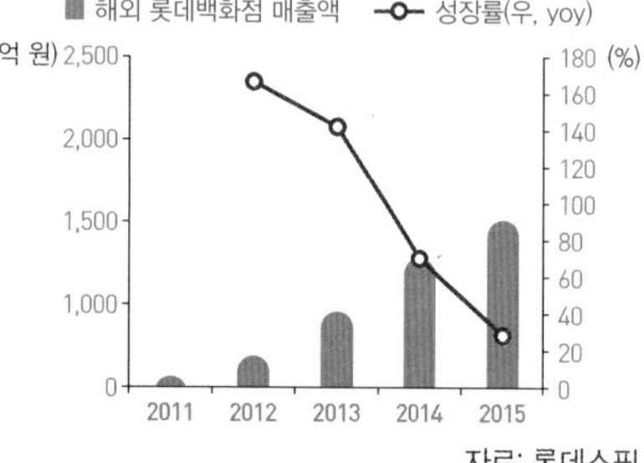

Fig 11
해외 롯데백화점 매출액 – 꾸준한 증가
해외 롯데백화점 매출액
성장률(우, yoy)
(억 원)
(%)
2,500
2,000
1,500
1,000
500
0
180
160
140
120
100
80
60
40
20
2011
2012
2013
2014
2015
자료: 롯데쇼핑

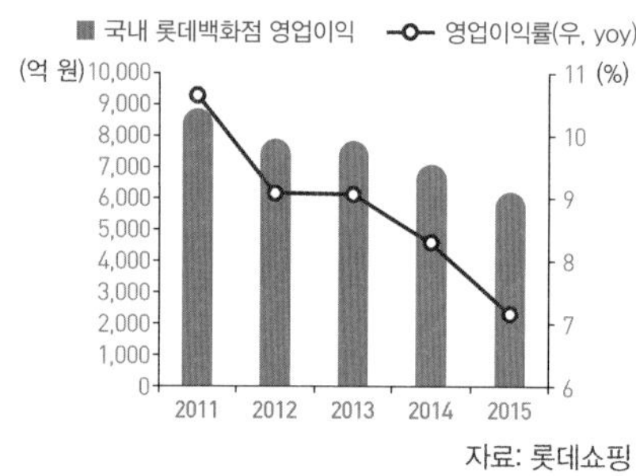

Fig 12
국내 롯데백화점 영업이익 – 역신장 추세
국내 롯데백화점 영업이익
영업이익률(우, yoy)
(억 원)
(%)
10,000
9,000
8,000
7,000
6,000
5,000
4,000
3,000
2,000
1,000
0
11
10
9
8
7
6
2011
2012
2013
2014
2015
자료: 롯데쇼핑

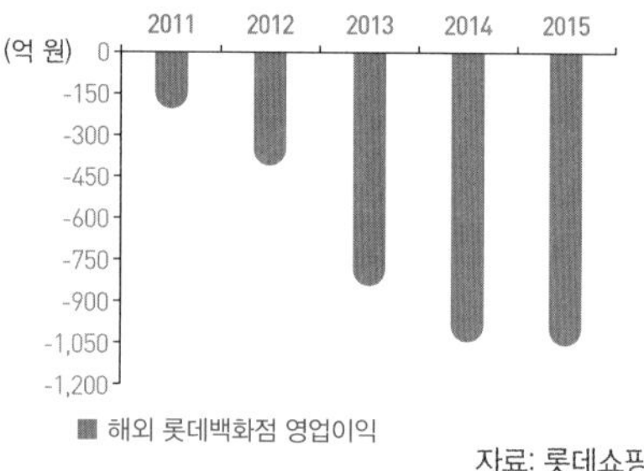

Fig 13
해외 롯데백화점 영업이익 – 적자 폭이 커서 부담
(억 원)
2011
2012
2013
2014
2015
-150
-300
-450
-600
-750
-900
-1,050
-1,200
해외 롯데백화점 영업이익
자료: 롯데쇼핑

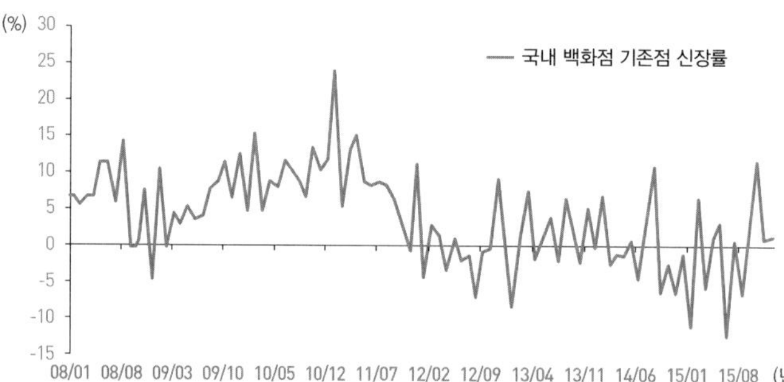

Fig 14
국내 백화점 기존점 신장률 추이 – 국내 백화점 매출은 2012년 이후 부진한 모습 이어지고 있어
(%)
30
25
20
15
10
5
0
-5
-10
-15
국내 백화점 기존점 신장률
08/01 08/08 09/03 09/10 10/05 10/12 11/07 12/02 12/09 13/04 13/11 14/06 15/01 15/08 (년 / 월)
자료: 지식경제부

 **롯데백화점의 영업 현황에 대해 알아봅시다.**

여기서는 롯데백화점 영업 형태별 점포 현황과 수, 백화점 영업이 '기존점 신장률(SSS)' 기준으로 정체 상태라는 점, 해외 점포들의 수익성 개선에는 시간이 소요된다는 점, 다만 아울렛 점포의 성장세가 기대되고 있다는 점 등의 흐름을 잘 파악해두기 바랍니다.

관련 자료 찾아보기 ❶
금감원, 〈롯데쇼핑 사업보고서〉 

금감원 전자공시(https://dart.fss.or.kr/)에 들어가서 롯데쇼핑 사업보고서를 읽어보기 바랍니다. 각 사업 영역별로 시장 환경이나 사업 개요에 대한 구체적인 내용들이 나와 있으므로 꼭 챙겨보기 바랍니다.

해외 점포가 더 많은 롯데마트

롯데쇼핑의 두 번째 주력 사업은 할인점(할인마트)사업이다. 2014년 말 기준 국내 롯데마트는 114개, 해외에는 151개 점포를 운영하고 있다. 2014년 할인점사업부의 총매출액은 약 8조 5,000억 원이며 이 중 국내 할인점 매출 비중은 70%이다. 2014년 롯데쇼핑의 총 영업이익

중 할인점사업부가 차지하는 이익 비중은 5% 남짓에 불과하여 매우 미미한 것으로 나타난다. 이는 2014년 할인점사업부에 일회적 요인이 있었기 때문으로, 정상적인 이익 비중은 20%에 육박하는 수준임을 짚고 넘어가야 할 것 같다. 2014년 할인점사업부의 영업이익 역신장 및 이익률 부진의 주요 원인은 국내 할인점 규제 영향, 중국 할인점 신규 출점 비용 부담 및 재고평가손실 처리 때문이다. 해외 할인점 적자폭이 매우 커지고 있어 부담인데, 2014년 중국 롯데마트가 재고자산평가를 처음 실시하며 일회성 비용 인식을 크게 했다.

아울러 중국 롯데마트의 기존점 신장률이 역신장세를 면치 못하고 있다는 점도 부담으로 작용하고 있다. 이는 중국 내 외국계 유통업체들 전반에 해당하는 것으로, 해외 업체들로 하여금 중국 유통 영업 환경이 녹록지 못하다는 점을 방증한다. 베트남, 인도네시아 마트사업 성장을 기반으로 중국 사업의 안정화가 향후 롯데마트 턴어라운드 Turnaround의 관건이라 생각된다.

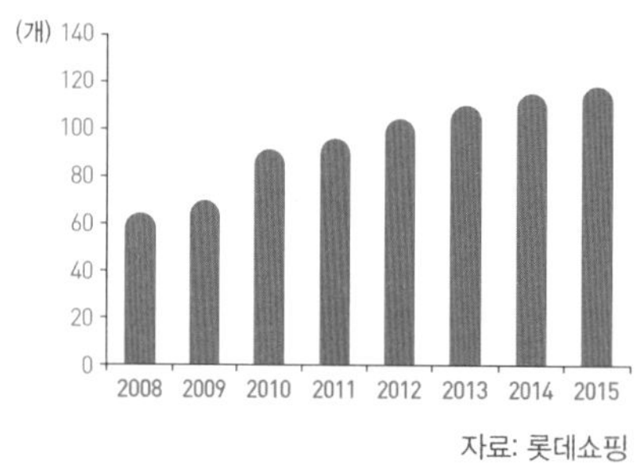

Fig 15
국내 롯데마트 점포 수

자료: 롯데쇼핑

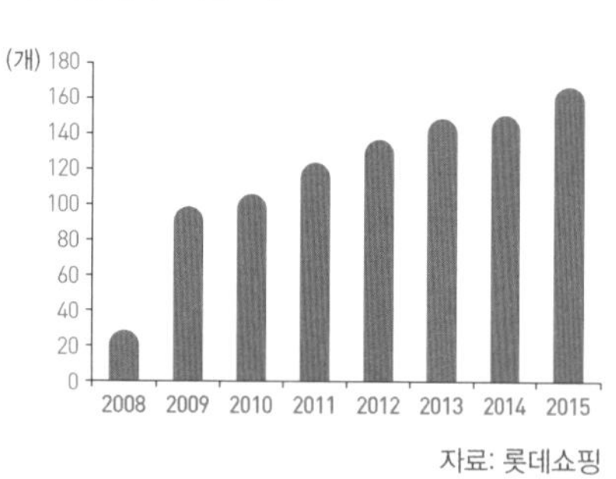

Fig 16
해외 롯데마트 점포 수

자료: 롯데쇼핑

국내 롯데마트 매출액 및 성장률

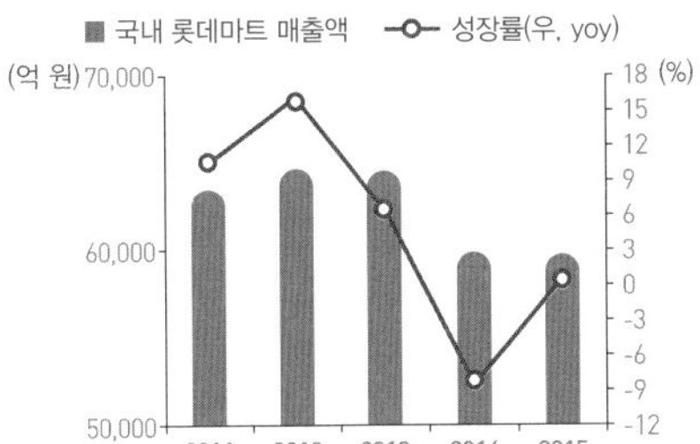

자료: 롯데쇼핑

해외 롯데 할인점 매출액 및 성장률

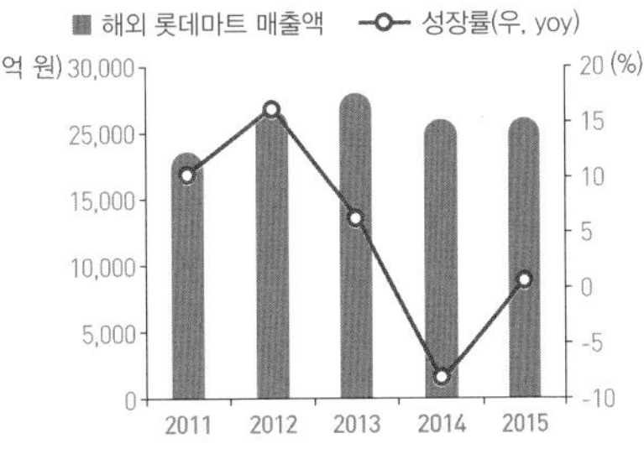

자료: 롯데쇼핑

국내 롯데마트 영업이익 – 하락세

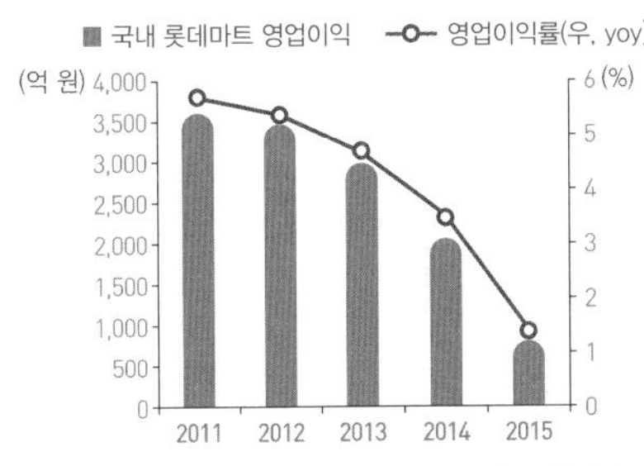

자료: 롯데쇼핑

해외 롯데 할인점 영업이익 – 큰 폭 적자로 매우 부진

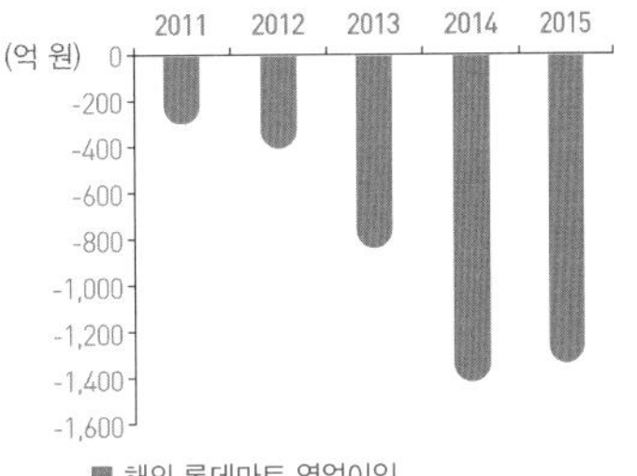

자료: 롯데쇼핑

중국 롯데마트 기존점 신장률 추이
– 최근 역신장 추세

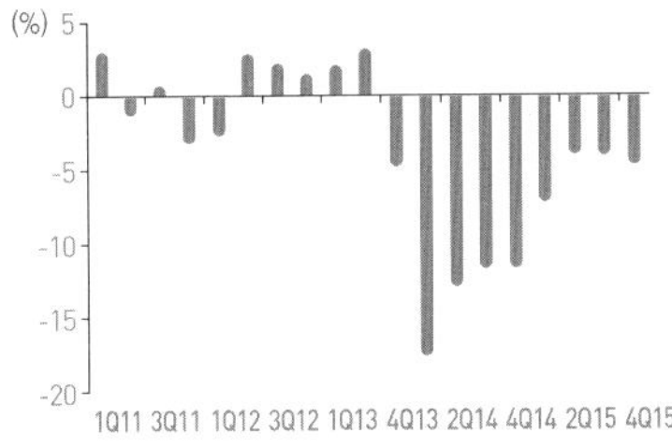

자료: 롯데쇼핑

인도네시아 롯데마트 기존점 신장률 추이
– 양호한 성장

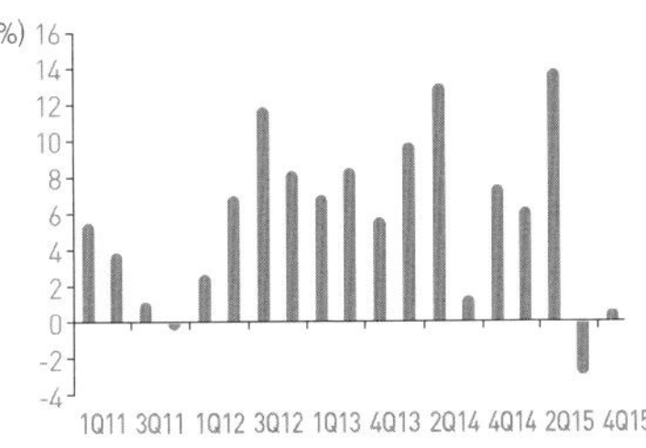

자료: 롯데쇼핑

국내 할인점 기존점 신장률 추이 – 강제 휴무 영향으로 대부분 월별 역신장 지속

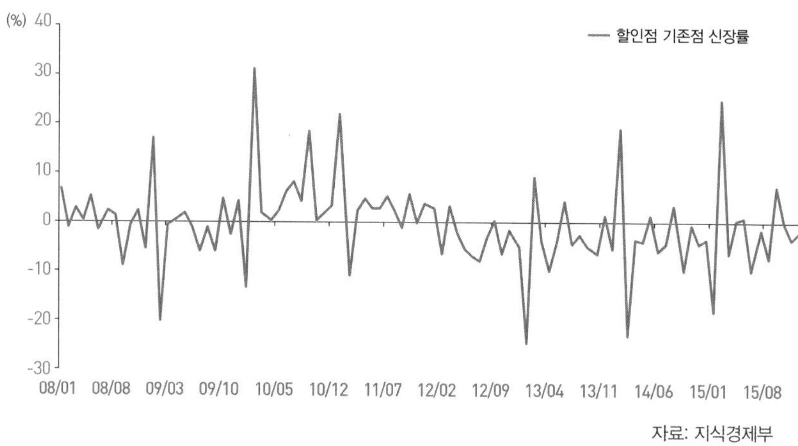

해외 사업 비전과 전략 고민하기

롯데마트의 해외 사업에 대한 비전과 성공 전략을 고민해봅시다. 롯데마트의 해외 사업이 고전을 면치 못하고 있지만 취준생으로서는 오히려 성공 전략을 모색해볼 가치가 있는 부분입니다. 고전하고 있기 때문에 관심을 버릴 것이 아니라 무엇이 고전의 요인인지 그리고 향후 비전 달성을 위해 필요한 전략은 무엇인지 등에 대한 고민을 하면서 자신이 기여할 수 있는 부분을 찾는 노력이 필요합니다. 개인이 그런 비전을 달성하는 것이 아니라 문제의식과 자질을 갖춘 조직원들이 뭉침으로써 난관을 헤쳐나갈 수 있다는 것이 회사의 생각입니다. 이런 부분을 잘 터치해야 차별화된 자신을 보여줄 수 있습니다.

'롯데마트 영업 전략'을 키워드로 관련 기사나 자료들을 탐색해보기 바랍니다. 성공 스토리도 있지만 고전하고 있다는 소식도 흔하게 보입니다. 고전하고 있다고 해서 실패했다는 의미는 절대 아닐 겁니다. 지금 제대로 굴러가고 있는 영역과 전략은 무엇인지, 그리고 부족한 부분과 이에 대한 대응 전략은 무엇인지의 관점에서 내용을 정리해보기 바랍니다. 이런 공부야말로 면접에서의 대응 능력을 높여주는 훌륭한 준비법입니다.

금융도 품은 롯데쇼핑

롯데쇼핑은 종속회사 롯데카드를 통해 금융사업부도 운영하고 있다. 롯데카드의 총 취급고는 매년 증가 추세를 유지하고 있다. 다만 2011년 이후 회원 수는 감소한 상황인데, 이는 경기부진에 더해 2014년 개인정보유출 사건을 계기로 회원 이탈이 있었기 때문이다. 카드 사업은 유통, 음식료 등 내수업 전반에 걸친 대규모 사업을 영위하고 있는 롯데그룹이 시너지를 낼 수 있는 분야다. 롯데카드를 롯데쇼핑 유통 채널에서 이용할 경우 다양한 할인 및 적립 혜택을 볼 수 있기에 소비자 입장에서도 유용한 서비스라는 점은 두말할 필요가 없어 보인다. 큰 부침 없이 그룹 내 계열사와의 연계도 가능하고 꾸준한 수익을 창출할 수 있는 사업이라는 점이 카드업의 강점이다.

롯데카드 총 취급고 – 꾸준히 증가 추세

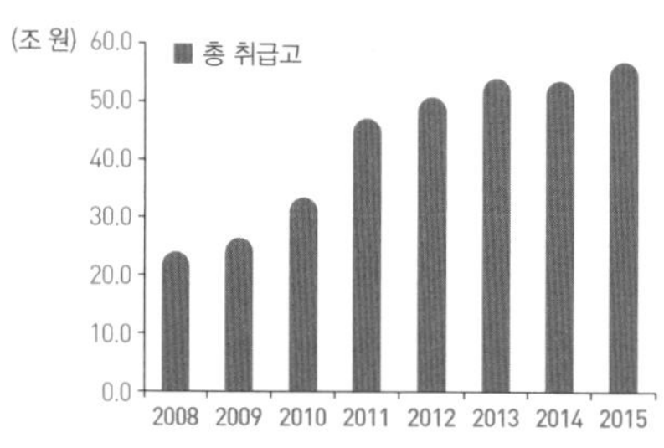

자료: 롯데쇼핑

롯데카드 연체율 2012년 이후 감소 추이

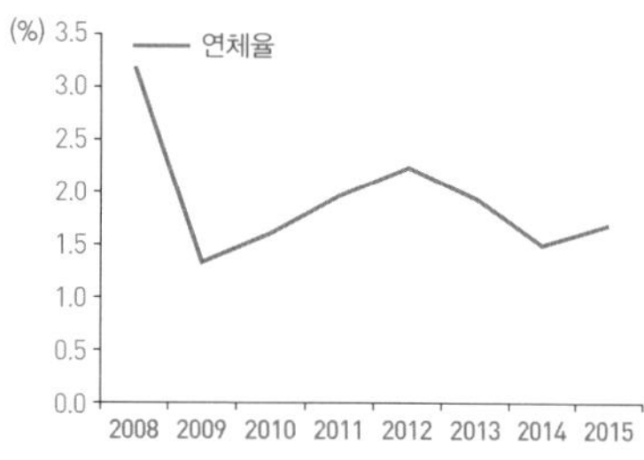

자료: 롯데쇼핑

롯데카드 회원 수 추이

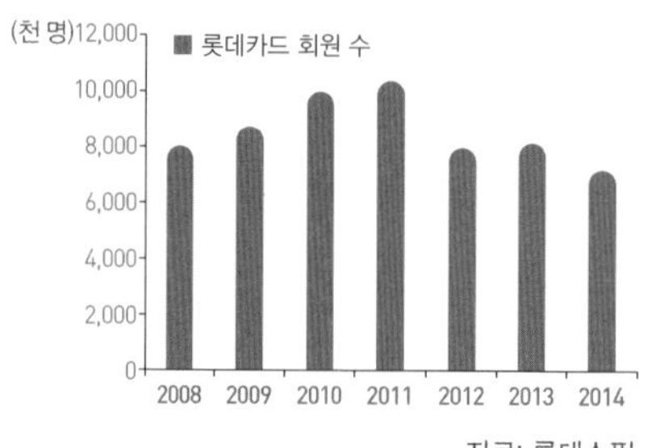

자료: 롯데쇼핑

롯데카드 채권 비중

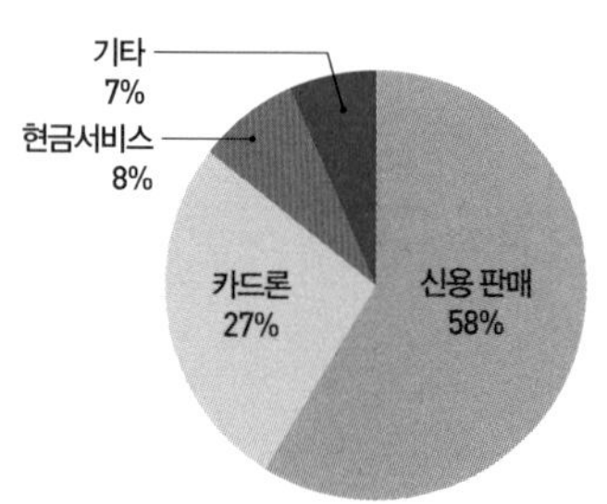

자료: 롯데쇼핑

롯데카드 영업수익 및 증감률

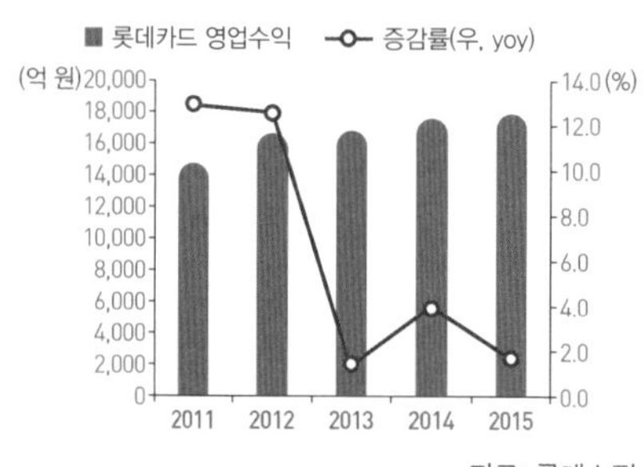

자료: 롯데쇼핑

롯데카드 영업이익 및 이익률

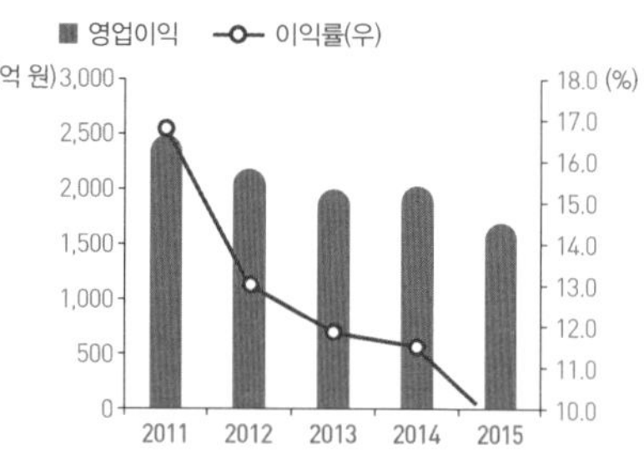

자료: 롯데쇼핑

카드 회원 수를 늘릴 전략 짜보기

카드 회원 수를 늘릴 수 있는 아이디어를 정리해봅시다.
[Fig 26]을 보면 카드 회원 수가 2011년을 정점으로 지속적인 하락세에 있음을 알 수 있습니다. 이런 현안을 가진 회사라면 당연히 회원 수 확보에 대한 니즈가 크기 마련입니다. 당연히 면접에서 회원 수를 늘릴 수 있는 아이디어를 지원자에게 물어볼 개연성이 크다고 생각하고 미리 준비를 해두면 좋겠습니다. 온라인 검색을 통해 전문가들의 의견을 참고하면서 자신의 생각을 정리해보기 바랍니다. 막상 면접에서 이런 질문을 받았을 때 제대로 대답하는 경우는 매우 드뭅니다. 반대로 정리해둔 내용을 면접에서 제대로 나타낼 수 있다면 이것 하나만으로도 자신의 존재감을 확실하게 보여줄 수 있습니다.

꾸준히 성장하는 홈쇼핑과 슈퍼

롯데쇼핑의 기타 사업부를 구성하는 여러 사업 중 편의점사업부는 외형이 가장 큰 사업이다. 이에 대해서는 뒷장에서 보다 자세히 살펴보겠다. 이 밖에 롯데쇼핑의 기타 사업부를 구성하는 여러 사업 중 홈쇼핑과 슈퍼 사업이 있다. 롯데홈쇼핑의 법인명은 아직 우리홈쇼핑으로 되어 있다. 과거 롯데쇼핑이 우리홈쇼핑 지분을 인수하면서 연결 종속회사가 되었기 때문이다. 롯데홈쇼핑의 영업이익은 2012년을 저점으로 꾸준히 개선되고 있어 고무적이다. 홈쇼핑은 TV홈쇼핑, 인터넷몰(롯데아이몰), 카탈로그, 모바일쇼핑몰 4개의 사업부를 운영하고 있는데 TV홈쇼핑이 주력 사업이다. 최근 TV홈쇼핑 채널들의 시청률이 하락하고 2015년 상반기 백수오 사태 등 이슈들이 생기며 트래픽에 추가적인 악재로 작용한 상황이다. 이를 만회하기 위해 홈쇼핑 업계는 TV홈쇼핑 판매 상품을 모바일 채널로 이전하여 성장과 수익을 모두 챙기려는 전략을 꾀하고 있다. 다만, 마케팅비 지출 역시 큰 까닭에 단기적으로 수익성을 높이기는 힘들어 보인다. 업계 상황이 어려움에도 불구하고 롯데홈쇼핑은 꾸준히 실적 개선을 보이고 있어 업계 4위 사업자이지만 경쟁력이 돋보인다.

슈퍼사업부는 편의점 다음으로 외형이 큰 사업이다. 생활근린형 유통업태로 할인점 다음 성장산업으로 슈퍼사업이 주목받았으나, 중소 영세업자 상권을 침해한다는 이유로 대형 유통업체들의 SSM^{Super Supermarket} 사업 진출을 규제했던 까닭에 대형사들의 슈퍼사업 매출액은 정체되어 있는 상황이다. 매출 고전이 이어지자 고정비 부담으로 인해 슈퍼사업의 영업이익도 부진한 모습이다. 몇 년 동안의 부진을 거쳐 현재 업체별 자구책을 마련하고 있으며, 2015년은 슈퍼사업부가 그동안의 부진에서 다소 벗어나는 모습을 보였다.

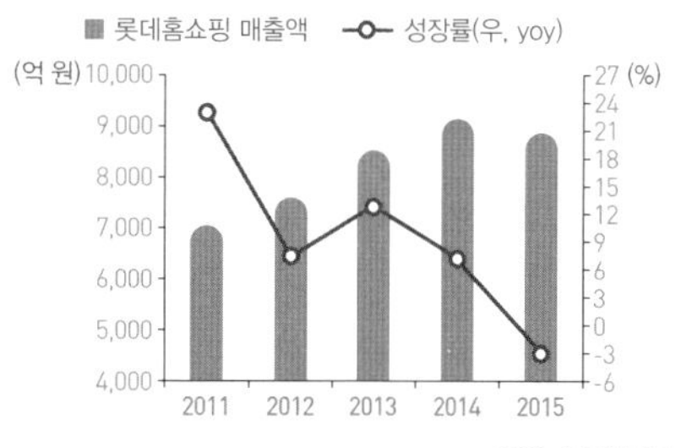

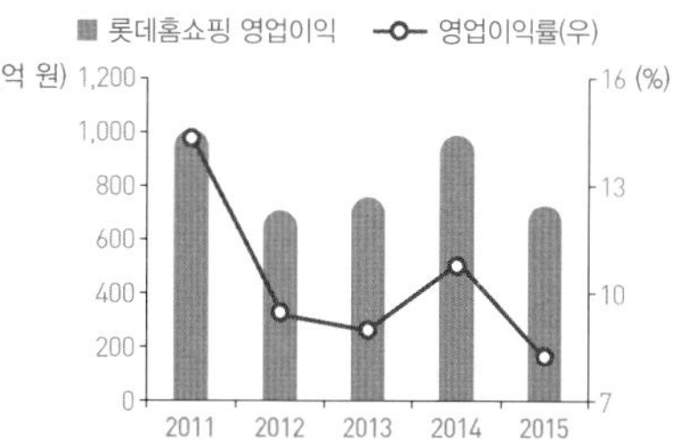

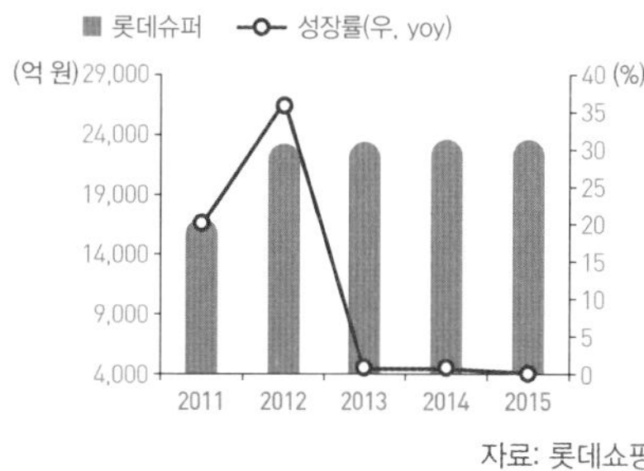

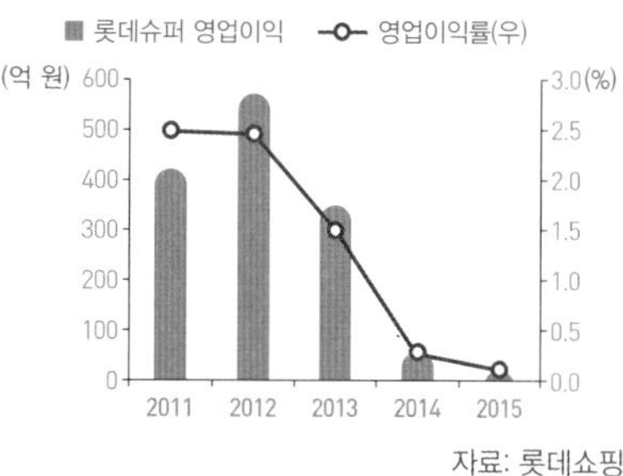

관련 자료 찾아보기 ❸
검색 키워드, '홈쇼핑시장 현황', '편의점시장 현황'

'홈쇼핑시장 현황'과 '편의점시장 현황'을 키워드로 각 시장의 현황과 이슈들에 대해 보다 자세하게 살펴보기 바랍니다. 홈쇼핑의 경우 '백수오 파문'처럼 소비자 불신을 야기하는 단 하나의 사건이 시장 전체를 위협할 수 있다는 교훈을 보여줬습니다. 백수오 사례 같은 경우 얼마든지 면접의 소재로 등장해서 느낀 점이나 대응 전략에 대해 물어볼 개연성이 있으므로 미리 대비해둘 필요가 있습니다.

롯데쇼핑

02

시장:
토착화 성공의 주역, 롯데쇼핑

1990년대 초 WTO체제에 의해 유통시장 전면 개방을 선언한 이후, 영세 소매상이 몰락하고 대형 유통점 진출, 무점포 판매의 급성장을 이룩해왔습니다. 또한 소비트렌드의 변화로 인터넷쇼핑몰이 급격히 성장했지요. 이러한 빠른 변화에 유통업체들은 어떻게 대응해왔을까요? 유통업의 현황과 미래 전망을 알아보고 롯데쇼핑이 차지하는 국내외 시장에서의 위상에 대해서도 살펴봅시다.

01

소비자 정신에 맞춘
유통의 발전

상품이 가장 다양하고 규모가 큰 백화점

국내 소매유통업은 1990년대 초 세계무역기구WTO에 의해 유통시장이 전면 개방된 이후 '영세 소매상의 몰락, 대형 유통점 대거 진출, 무점포 판매의 급성장'으로 요약되는 변화를 보여왔다. 이러한 변화의 내면을 살펴보면, 유통의 개방이 변화의 발단이었는데도 애초에 우려했던 것처럼 외국계 유통기업의 국내 시장 점령은 일어나지 않았다. 이는 유통시장 개방에 맞서 국내 유통업을 육성하겠다는 정부의 강한 의지에서 비롯된 것이기도 하지만, 더 중요한 원인은 바로 '토착화'에 있었다. 국내 소비자 정서와 코드에 맞는 업태 개발을 위한 자체적인 노력과 의지가 국내 유통시장의 성장을 유도했고, 업태별 패러다임 전환을 여러 차례 거치며 오늘에 이를 수 있었다.

소매유통업태들 중 단일 점포당 규모가 제일 크고, 가장 다양하게 상품을 갖추고 있는 것이 백화점이다. 백화점은 규모나 상품 구성, 시장점유율 면에서 대형마트(할인마트)와 함께 거론되곤 하지만 실제로 이 둘의 성격에는 큰 차이가 있다. 백화점의 상품 구성에서 가장 큰 부분을 차지하는 것이 의류 및 패션잡화인 반면, 대형마트의 경우 식료품과 생활용품의 구성비가 높다. 1997년 IMF 외환위기를 기점으로 반복되는 경기불황과 소비심리의 저하는 백화점과 할인점의 업계 내 위상을 바꾸어놓았다. 그 원인의 핵심은 바로 'MD와 전략의 차이'였다.

결과적으로 백화점은 2002년 말을 기점으로 소매업의 총 매출액 중 차지하는 점유율 면에서 대형마트에 뒤처지기 시작했다. 매년 6% 이상 꾸준한 매출 증가를 보이던 백화점이 2002년 매출 17조 8,000억 원을 기점으로 이후 2년간 마이너스 성장을 보여온 것이다. 반면, 할인

Fig 34

통계청의 업태 구분 기준 – 매장 면적이 업태를 구분하는 중요한 기준 중의 하나

유통업태	정의
백화점	단일 경영 체제하에 매장 면적이 3,000㎡ 이상이고, 주된 취급 품목 없이 다수의 매장으로 구획된 판매 시설을 갖추고 의류, 가구, 귀금속, 식료품 등 각종 상품을 종합적으로 소매하는 점포 각 매장별로 전용 판매원이 배치되어 매매 및 계산이 이루어짐
대형마트	대형 매장(백화점 제외)을 갖추고 식료품, 의류 등의 각종 유형의 상품을 판매하는 종합소매점 매장 면적 3,000㎡ 이상(기타 대형 종합소매업)
슈퍼마켓	단일 경영 체제하에서 식료품을 위주로 각종 생활잡화 등을 함께 판매하는 소매점 매장 면적 3,000㎡ 미만(슈퍼마켓, 기타 식료품 위주 종합소매업, 그 외 기타 종합소매업)
편의점	체인계약을 체결하고 각종 상품을 계속적으로 공급받아 24시간 판매하는 소매점
전문 소매점	일정한 매장을 갖추고 특정 상품을 전문적으로 판매하는 소매점
인터넷쇼핑몰	컴퓨터 통신망을 이용하여 상품을 판매하는 가상소매점(상품 판매만 해당)
홈쇼핑	TV 홈쇼핑채널을 통해 상품을 판매
방문 및 배달판매	직접 판매할 수 있는 매장을 개설하지 않고 상품을 판매하는 방문판매, 계약배달판매 등

자료: 지식경제부

점의 경우 IMF 외환위기 이후 그 성장세를 가속화하면서 두 자리대의 성장률을 기록하였고, 2002년 매출 17조 4,000억 원을 기점으로 이후 백화점의 시장점유율(M/S: Market Share)을 앞질러 지금에 이르고 있다.

백화점의 부진과 인터넷쇼핑몰의 성장

2015년 국내 유통시장은 2014년 대비 5.6% 성장한 288조 원에 이를 전망이다. 채널별로는 성장폭이 다소 개선될 전망인데 이는 경기회복 요인보다는 기저효과 요인이 크게 반영된 전망치다. 향후 소비경기가 극적으로 개선될 가능성은 낮아 유통시장은 한 자리 성장에 머물 것이라는 전망이 우세하다.

저성장임에도 불구하고 산업의 평균 성장률을 능가하는 성장세를 보이는 업태가 있어 주목되는데 바로 편의점과 온라인(인터넷)쇼핑몰이다. 경기부진으로 아울렛 수요가 급등하면서 백화점 성장률은 둔화세를 지속 중이고 2012년부터 행해진 의무휴업 규제에 따라 대형마트와 슈퍼마켓 성장세도 정체된 상황이다. 이 틈을 타고 오랫동안 유통업에서 1위 점유율을 고수하던 대형마트를 위협하며 빠른 속도로 성장한 업태가 바로 온라인쇼핑몰이다. 온라인쇼핑몰은 두 자리 성장률을 지속하고 있다. 편의점 역시 동네 곳곳의 상권을 아우르며 식품에서 생활용품에 이르기까지 다양한 상품을 유통하는 채널로 자리매김하며 성장세를 이어가고 있다.

국내 유통소매시장의 규모는 약 300조 원에 달해 – 인터넷쇼핑몰은 빠르게 상승 중

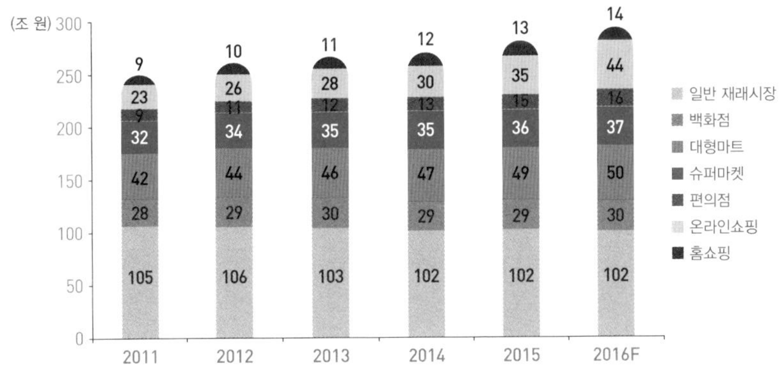

여전히 일반 재래시장 비중이 높은 국내 소매유통시장

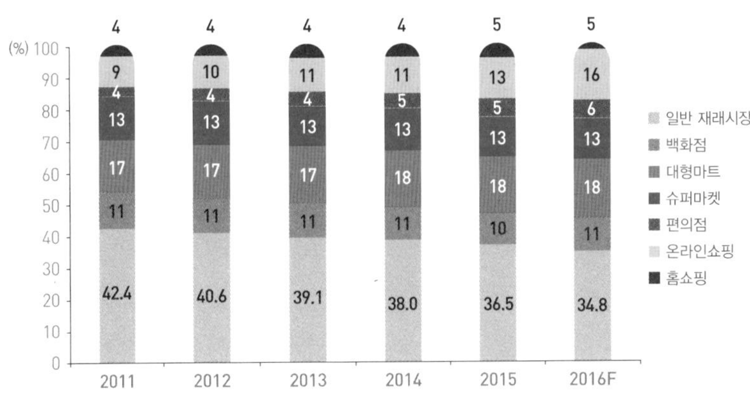

대형 유통시장 환경상 업무 이해도와 기획력을 강화해둡시다.

유통시장은 외형적으로 커지고 있지만 채널별 비중은 급격한 변화를 보이고 있습니다. 백화점과 대형마트가 정체 상태를 보이는 가운데, 온라인쇼핑 부문의 성장세가 두드러지고 있습니다. 롯데쇼핑으로서도 온라인 비즈니스에 대한 중요성을 잘 이해하고 대처하고 있겠지만 그렇다고 현 시점에서 기존 판매 채널을 포기할 수는 없을 겁니다. 취준생 입장에서는 성장 분야뿐 아니라 정체 시장에 대한 차별화된 마케팅 및 기획 전략에 대한 이해도를 강화할 필요가 있습니다. 정체 분야라면 신규 인력 선발 여지가 축소되어 있기 때문에 아무래도 인력 선발 과정에서 품성과 함께 업무 이해도나 기획 능력을 중요하게 검증할 개연성이 높습니다.

관련 자료 찾아보기 ❹
검색 키워드, '유통 기획서'

가능하다면 온라인에서 유통업종 관련 기획서를 많이 찾아보기 바랍니다. 채널 및 마케팅 전략에 대해 정리한 파워포인트 자료나 관련 연구소에서 발간하는 시장 분석 자료 등은 유용하게 활용할 수 있을 겁니다.

02

저성장에 접어든
국내 소비

소비트렌드의 변화와 유통의 한계

소비는 경제성장과 밀접한 관련이 있고 경제성장은 인구구조에 큰 영향을 받는다. 우리나라는 1980년부터 2010년까지 30여 년 동안 베이비부머들이 왕성하게 경제활동을 한 덕분에 각 분야에서 높은 성장을 기록했다. 특히 소득 수준 향상에 따라 소비 역시 큰 폭으로 성장, 대형 유통·의류 업체들이 등장하며 호황을 누렸다.

하지만 고령화에 따른 인구구조적 변화와 베이비부머 세대의 은퇴 시기가 맞물리면서 한국의 소비트렌드는 과거와 다른 양상으로 변해가고 있는 것으로 보인다. 바로 가치소비, 1인 소비의 양극화가 새로운 트렌드이며 이는 전통 유통업태들의 성장을 위협할 뿐만 아니라 마진 하락까지 초래하고 있는데 이것이 이른바 '저마진 리스크'이다.

또한 선진국 사례를 보면 한 가구의 소비 중 의류소비가 차지하는 비중은 국민소득 수준이 증가함에 따라 꾸준히 감소하는 것으로 나타난다. 특히 경기 침체기에 큰 폭으로 비중이 하락하는 것을 경험한 이후에는 경기가 회복되더라도 의미 있는 상승 반전이 나타나지 않는다는 점이 주목할 만하다.

경제 성장기 국내 내수는 '플랫폼사업자'가 권력의 중심에 있었다. 유리한 부지를 선점한 유통업자에게 제조업체들이 몰렸고, 플랫폼 사업자들은 고마진 수익 사업을, 제조업체들은 대량 공급을 통한 외형 성장을 이룰 수 있었다. 이후 소비자들의 선택을 받은 일부 제품들은 유통업자를 능가하는 힘을 가지게 되는데 이른바 '브랜드사업자'에게로 권력이 옮겨가는 순간이었다.

힘 있는 브랜드의 경우 과거 플랫폼사업자들에게 지불하던 높은 수수료를 지불하지 않아도 될 만큼 집객력을 갖추게 되면서 수익성이 개선되었다. 쉬운 예를 들면 신라면, 초코파이, 3분카레는 늘 소비자들이 찾는 상품이라고 가정할 때 이처럼 강력한 소구력을 가진 상품들은 아무리 힘센 유통업체라 하더라도 함부로 할 수 없게 된다. 이들이 매장 매대에 진열되어 있지 않으면 고객들이 이를 찾게 되고, 고객이 원하는 상품 수급이 제때 되지 않는 매장은 고객의 발길이 끊기기 때문이다. 문제는 이렇게 파워풀한 브랜드들이 많아지자 백화점은 '저마진 리스크'에 노출되고, 브랜드 파워가 상대적으로 약한 브랜드들은 아울렛과 같은 곳에서 할인가에 판매되면서(정상가 판매율 하락) 경쟁력이 더욱 약해지는 악순환에 빠지고 있다는 점이다.

소비문화를 살린 소싱의 역할

악순환의 연결고리를 끊기 위해 기존 플랫폼사업자들은 집객력을 높일 수 있는 신업태를 발굴하여 투자를 늘리거나, 이익의 질을 높이기 위해 자체 소싱 비중을 높이는 전략을 펼치고 있다. 또한 유니클로, 자라 등 SPA(패스트 패션)라 불리는 저가의 글로벌 유명 의류브랜드들이 소비자를 공략하는 데 대해 내수 의류업체들은 합리적인 가격대의 품질 높은 옷으로 대응하고자 노력 중이다. 그러려면 역시 더 저렴한 생산처를 발굴하는 작업이 필연적이다.

결론적으로 이제는 브랜드사업자로부터 '소싱Sourcing업체'로 권력이 이동 중인 것으로 보인다. 다만 소싱사업자가 단독으로 헤게모니를 쥐기보다는, 플랫폼 또는 브랜드 사업자와 긴밀한 협력 체제를 구축함으로써 성장을 도모할 것이라는 점이 이전과는 다소 다른 모습이다.

소싱이란 기업이 원하는 품질과 서비스 수준의 원부자재, 완제품 또는 가공 능력을 가장 효율적인 가격으로 정해진 시간 내에 제공하는 공급자, 하청업자를 결정하는 것이다. 특히 글로벌 소싱이란 지리적인 위치와 관계없이 가장 효과적으로 필요한 자원이나 제품을 제공할 수 있는 공급업자, 하청업자를 전 세계적으로 활용하는 것을 의미한다. 전문적으로 소싱을 담당하는 회사를 '소싱기업'이라고 부른다.

소비자들이 점점 더 높은 품질, 낮은 가격을 추구함에 따라 생산업체와 바이어 간의 직접적인 계약방식이 늘어가는 추세다. 이러한 추세에 맞추어 유통업체들이 늘리고 있는 것이 바로 PBPrivate Brand 제품이며 이는 뒤에서 자세히 설명하기로 하겠다.

은퇴시대 본격화, 고령화, 저성장으로 이어지는 연결고리는 필연적으로 소비 체력 약화를 초래할 수밖에 없다. 이 경우 유통업은 신성장동력을 모색하여 해외로 진출하거나 니치마켓을 공략하거나 이익의질을 높이는 전략을 써야 한다.

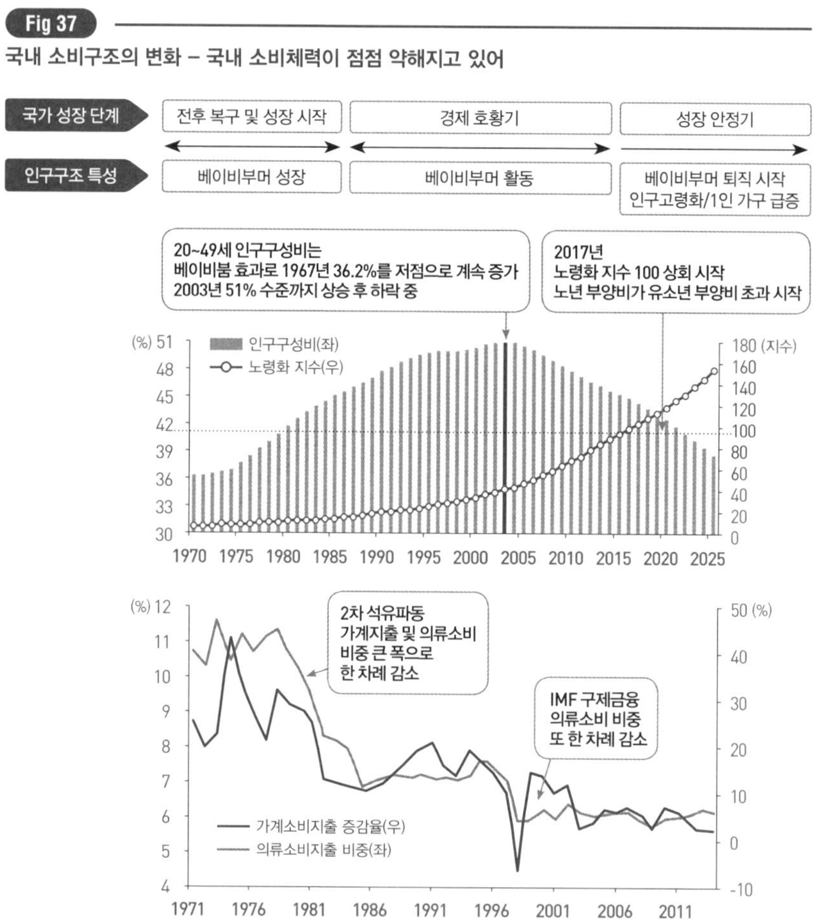

유통업체의 통합소싱 개념을 이해합시다.

유통업에서 소싱의 중요성은 지속적으로 커지고 있습니다. 최근 대형마트의 경우 가격 경쟁력을 조금이라도 더 높이기 위해 '통합소싱' 개념을 적극 도입하고 있습니다. 언론에 소개된 롯데마트 사례를 보겠습니다. 신선식품이나 가공식품 구매에 있어 롯데슈퍼, 롯데칠성, 롯데주류 등의 계열사들과 통합 구매를 진행해서 원가를 20% 정도 낮추는 방식입니다. 이런 구조에 있는 기업이라면 당연히 우수 산지 발굴이나 통합 구매에 필요한 팀워크에 자질이 있는 사람을 적극 채용하려 할 겁니다. 그렇다면 원예학 전공자도 얼마든지 롯데쇼핑(혹은 마트)에 지원할 자격을 갖출 수 있습니다. 즉, 감자나 옥수수 같은 농작물은 물론 토양의 성질에 따른 산지 특성 같은 분야를 열심히 공부하고 여기에다 유통에 대한 기본 소양(기본 자격증이나 교육 프로그램 이수 등)을 갖춘다면 스펙을 초월한 취업이 얼마든지 가능할 겁니다.

관련 자료 찾아보기 ❺
검색 키워드, '유통업체 소싱 전략'

소싱에 대한 자료들을 많이 찾아보기 바랍니다. '유통업체 소싱 전략'을 키워드로 찾아보면 국내외 다양한 사례들이 소개되어 있습니다. 이런 내용들을 살펴보면서 유통업체의 영업 환경이나 직무 개념에 대한 이해도를 높이고 이와 함께 자신의 경험이나 대내외 활동과의 연관성에 대한 아이디어도 얻어보기 바랍니다.

03

세계 순위
40위에 선 글로벌 기업

세계적으로 인정받은 국내 1등 쇼핑기업

롯데쇼핑의 글로벌 위상은 어느 수준일까. 해외 유통업체들의 재무 정보를 요약한 다음의 표를 보면 롯데쇼핑 글로벌 랭킹은 40위 수준임을 알 수 있다. 국내 1등 규모의 유통업체이기에 한국 유통업체로서는 단연 가장 높은 랭킹이다. 국내 사업 실적 회복과 해외 사업 가속화가 지속되면 랭킹은 꾸준히 상승할 것으로 보인다.

해외 유통업체 재무 정보 요약 – 세계 순위 40위에 올라 있는 롯데쇼핑

매출액 순위	회사명	소속 국가	그룹 총매출 (백만 달러)	그룹 순이익 (백만 달러)	영업 국가 수(개)	매출액(%) CAGR (2008~2013)
1	Wal-Mart Stores	U.S.	476,294	16,695	28	3.3
2	Costco	U.S.	101,156	2,061	9	7.7
3	Carrefour	France	101,844	1,812	33	-3.0
4	Schwarz Unternehmens	Germany	98,662	n/a	26	6.5
5	Tesco	U.K.	100,212	1,529	13	2.9
6	Kroger	U.S.	98,375	1,531	1	5.3
7	Metro	Germany	86,393	588	32	-0.9
8	Aldi Einkauf	Germany	81,090	n/a	17	5.5
9	Home Depot	U.S.	78,812	5,385	4	2.0
10	Target	U.S.	72,596	1,971	2	2.9
11	Walgreen	U.S.	72,217	2,450	28	4.1
15	Amazon.com	U.S.	74,452	274	14	26.7
17	Aeon Co., Ltd.	Japan	64,271	835	10	3.9
19	Seven&i Holdings	Japan	56,600	1,890	18	-0.1
25	Best Buy Co., Inc.	U.S.	42,410	523	5	-1.2
26	J Sainsbury	U.K.	38,076	1,138	1	4.8
40	**Lotte Shopping**	**S. Korea**	**25,955**	**810**	**6**	**17.5**
51	Kohl's Corporation	U.S.	19,031	889	1	3.0
52	Yamada Denki	Japan	18,921	199	7	0.2
82	J. C. Penney	U.S.	11,859	-1,388	2	8.5
90	E-MART Co., Ltd.	S. Korea	11,992	438	2	ne
158	Office Depot	U.S.	11,242	-20	21	-4.7
216	GS Retail	S. Korea	4,332	110	1	7.4

자료: Bloomberg

글로벌 유통기업의 성공 요인에 대해 탐색해봅시다.

유통업체 글로벌 순위를 이해하는 것도 중요하지만 최상위에 있는 기업들의 성공 요인에 대해 탐색해보는 일도 매우 중요합니다. 월마트, 코스트코, 까르푸, 아마존 등 글로벌 기업들은 어떤 역량과 전략으로 시장을 선도하고 있는지, 그리고 그것을 가능케 하는 물류 및 유통 시스템은 어떤 특징을 가졌는지 등에 대해 자신만의 공부 노트를 만들어보면 좋겠습니다. 이런 분석 과정에서 얻는 교훈과 메시지를 자소서나 면접에서 잘 활용하는 취준생이야말로 합격으로 바로 가는 사람일 것입니다.

관련 자료 찾아보기 ❻
유통 전문 잡지의 과월호 속 숨은 정보들 

글로벌 유통기업의 성공 요인에 대해서는 온라인에도 많은 자료가 나와 있지만 되도록이면 유통 관련 전문 잡지 과월호를 잘 살펴보기 바랍니다. 아무래도 온라인에서 얻을 수 있는 내용들은 일부에 불과할 수 있기 때문에 학교나 공공도서관 정기간행물실에 가서 직접 전문 잡지들을 확인해보기 바랍니다. 의외로 좋은 내용이 많이 숨어 있다는 생각이 들 겁니다.

롯데쇼핑

롯데쇼핑

경영 이슈:
'아시아 TOP 5
글로벌 기업'으로 도약

최근 몇 년 동안 전통 유통업체들의 고전이 이어지고 있는 가운데, 앞으로도 좀처럼 회복될 가능성이 보이지 않는 실정입니다. 이를 쉽게 반증하는 것이 백화점과 의류 소비지요. 그렇다면 백화점사업을 주력으로 하는 롯데쇼핑이 소비 환경에 맞추어 신성장을 도모하려는 분야는 어떤 것이 있을까요? 불황을 극복하는 거대 유통사의 전략을 들여다보겠습니다.

01

변화하는 소비환경과 롯데쇼핑의 대응

국내 소매시장의 지형 변화

국내 소매업은 1996년 유통업 개방 이후 꾸준히 성장하면서 시점별로 주도 업종이 바뀌는 모습을 보였다. 매출 비중을 기준으로 2003년까지 국내 주력 소매업종은 슈퍼마켓이었다. 그다음이 백화점이었는데 백화점은 2002년을 기점으로 대형마트에 2위 자리를 내주게 된다. 이는 1993년 오픈 이후 IMF 외환위기를 기점으로 고속 성장을 보인 이마트의 영향이 크다. 2004년에는 대형마트가 슈퍼마켓까지 제치며 매출 1위 업종으로 올라섰고 이후 10여 년이 지난 올해까지도 대형마트는 단일 업종으로 1위 자리를 지키고 있다. 한편, 이처럼 오랫동안 1위를 고수하던 대형마트를 위협하며 빠른 속도로 성장하고 있는 업종이 바로 인터넷쇼핑몰이다.

유통업은 약 20년 동안 슈퍼마켓, 백화점, 대형마트, 인터넷쇼핑몰의 순서로 성장스토리를 그리며 시대별 흥망의 역사를 남기고 있다. 한때 고성장의 호황을 누리던 사업도 국가의 GDP성장, 인구구조 등의 변화에 따라 사양사업이 되기도 하고, 대기업들이 거들떠보지도 않던 산업이 오히려 각광받기도 하는 것은 이러한 빠른 변화 때문이다.

소비 위축 탈피를 위한 유통사의 발 빠른 대응

2000년대 말 글로벌 금융위기 이후 우리나라도 저성장, 고령화, 부동산 침체가 본격화되며 소비 위축이 지속되고 있다. 이를 쉽게 반증하는 것이 백화점과 의류 소비인데, 국내 백화점들의 기존점 신장률이 2년째 2% 안팎의 성장률을 보이는가 하면, 내수 의류브랜드 업체들도 매출의 두 자리 역신장세가 두 해에 걸쳐 진행되었다. 이는 반드시 소비불황 탓만은 아니라 홈쇼핑 의류나 온라인쇼핑, 병행수입 및 해외직구 등 높은 성장세를 보인 채널이 있기 때문이다.

이처럼 최근 몇 년 동안 전통 유통업종들의 고전이 이어지는 가운데 백화점, 대형마트, 슈퍼마켓, 홈쇼핑 등 대형 유통사들의 실적이 좀처럼 회복세를 보이지 못하고 있다. 문제는 이러한 침체가 당분간 더 지속될 것으로 예상된다는 점이다. 백화점들은 경기침체에 대한 대응 방안으로 아울렛 확대와 기존 백화점들의 고급화에 주력하고 있으며 시내 면세사업에 관심을 갖는 업체들도 늘고 있다. 대형마트와 홈쇼핑은 변화된 구매패턴에 대응하여 온라인 및 모바일 쇼핑 채널을 강화하고 있으며, 편의점, 식자재 유통사들은 PB상품 시장 성장에 발맞추어 제조 및 브랜드 개발 역량을 강화하고 있다.

이들의 전략이 실적으로 즉각 연결되지는 않겠지만, 각 회사들의 중

소매업태별 규모, 비중, 성장률 추이 – 인터넷쇼핑몰이 15년 만에 대형마트 제쳐

(단위: 조 원)

규모	2000	2001	2002	2003	2004	2005	2006	2007
소매업	168	185	208	205	212	170	178	190
백화점	16	17	18	18	17	18	19	19
대형마트	12	16	20	22	25	27	29	32
슈퍼마켓	21	22	23	23	23	23	24	25
편의점	1	2	3	3	4	4	5	5
인터넷쇼핑몰		3	6	7	8	11	13	16
재래시장 등	110	118	129	124	128	81	83	89

(단위: %)

매출비중	2000	2001	2002	2003	2004	2005	2006	2007
소매업	100.0	100.0	100.0	100.0	100.0	100.0	100.0	100.0
백화점	9.3	9.2	8.9	8.7	8.1	10.5	10.5	10.2
대형마트	7.2	8.5	9.6	10.8	11.6	15.8	16.3	16.9
슈퍼마켓	12.6	11.7	10.9	11.3	10.9	13.8	13.6	12.9
편의점	0.8	1.0	1.3	1.7	1.8	2.5	2.6	2.7
인터넷쇼핑몰		1.8	2.9	3.4	3.7	6.3	7.6	8.3
재래시장 등	65.7	63.6	62.3	60.6	60.7	47.7	46.6	46.7

(단위: %)

성장률	2000	2001	2002	2003	2004	2005	2006	2007
소매업	12.8	10.4	12.1	-1.0	3.0	-19.6	4.7	6.5
백화점	12.5	9.1	8.7	-3.0	-4.3	4.0	5.5	3.1
대형마트	38.7	31.3	26.2	12.1	10.2	9.5	8.3	10.3
슈퍼마켓	3.9	2.9	4.1	2.6	-0.4	1.4	3.6	1.3
편의점	23.1	50.3	44.2	22.9	10.8	11.4	7.9	11.1
인터넷쇼핑몰			80.2	17.0	10.1	37.4	26.1	17.1
재래시장 등	5.1	6.8	9.9	-3.7	3.2	-36.8	2.2	6.9

장기 기업가치를 결정할 것임은 분명해 보인다. 롯데쇼핑은 이러한 비우호적인 영업환경 속에서 과연 어떠한 대응책들을 고심하고 있을지 생각해보자. 다음 페이지에서 저자는 세 가지 영역에서 롯데쇼핑의 자구책을 꼽아보았다.

(단위: 조 원)

규모	2008	2009	2010	2011	2012	2013	2014	2015
소매업	201	212	230	250	260	264	281	288
백화점	20	22	25	28	29	30	32	31
대형마트	34	35	38	42	44	45	48	49
슈퍼마켓	27	28	30	32	34	36	37	38
편의점	6	7	8	9	11	12	13	13
인터넷쇼핑몰	18	21	25	29	34	38	45	53
재래시장 등	91	94	101	106	106	103	102	104

(단위: %)

매출비중	2008	2009	2010	2011	2012	2013	2014	2015
소매업	100.0	100.0	100.0	100.0	100.0	100.0	100.0	100.0
백화점	10.0	10.5	10.7	11.0	11.2	11.3	11.4	10.8
대형마트	17.0	16.7	16.6	16.9	17.1	17.1	17.2	17.0
슈퍼마켓	13.5	13.3	13.0	13.0	13.1	13.6	13.2	13.1
편의점	2.9	3.1	3.4	3.7	4.2	4.4	4.7	4.7
인터넷쇼핑몰	9.0	9.7	10.9	11.6	13.1	14.6	16.1	18.3
재래시장 등	45.4	44.4	43.6	42.4	40.6	38.9	36.5	36.0

(단위: %)

성장률	2008	2009	2010	2011	2012	2013	2014	2015
소매업	5.7	5.6	8.8	8.3	4.1	1.6	6.4	2.5
백화점	4.1	10.0	11.6	11.4	5.5	2.4	7.9	-2.8
대형마트	6.1	3.7	8.1	10.7	5.1	1.6	6.8	1.5
슈퍼마켓	10.0	4.2	6.2	8.5	4.8	5.3	3.6	2.0
편의점	16.1	13.2	17.6	17.9	18.3	7.8	13.6	0.5
인터넷쇼핑몰	15.1	13.8	22.1	15.4	17.2	13.0	17.5	16.5
재래시장 등	2.6	3.4	6.8	52	-0.2	-2.9	-0.1	1.3

자료: 통계청

02

경기침체를 넘어설
자구책

다시금 주목받는 '아울렛'

첫 번째 검토해볼 사업은 '아울렛'이다. 국내 아울렛시장은 소매시장 전체에서 차지하는 비중이 아직 5% 안팎으로 규모는 크지 않지만, 고성장 산업으로 불리며 최근 몇 년 동안 새롭게 주목받고 있는 영역이다. 롯데쇼핑 역시 소비환경 변화에 맞추어 이러한 신성장 사업에 많은 노력을 기울이고 있다.

여전히 롯데쇼핑의 실적에서 상당 부분을 차지하는 사업은 백화점과 할인점이지만, 이처럼 성장 사업부로 주목받고 있는 부문에 관심을 기울일 필요가 있다. 아울렛은 통계청 데이터의 대형마트 분류에 포함되어 있어 아직 정확한 규모가 공표되지 않고 있지만, 2014년에 시장 규모가 이미 10조 원을 넘어선 것으로 추정되어 관심을 요한다.

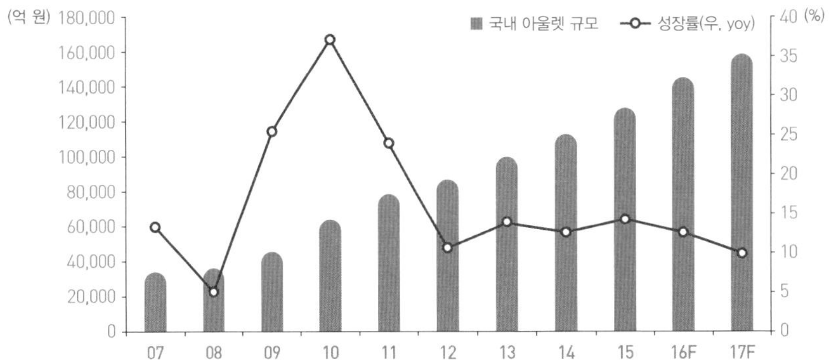

아울렛 소비 급증은 '중고가의 백화점 브랜드'를 '보다 저렴하게' 구매하고 싶은 합리적 소비 욕구에서 비롯된 결과물이라 분석된다. 백화점 유통업체들이 도심형, 프리미엄형 아울렛 출점을 본격화하는 움직임도 이러한 소비 심리를 적극 수용한 결과라 하겠다.

백화점 전문 회사가 아울렛도 잘 운영할 것이라 판단된다. 이는 아울렛사업도 브랜드 소싱력이 관건이기 때문이다. 마침 고객들이 아울렛 쇼핑을 함으로써 원하는 것은 백화점 브랜드를 저렴하게 구매하는 기회이기 때문에 그야말로 아울렛 사업은 백화점업체의 전문 분야다. 적극적인 아울렛 진출은 분명 이들 업체에 새로운 성장의 기회가 될 것이다.

하지만, 한편으로는 제 살 깎기일 수 있기에 우려가 있는 것도 사실이다. 특히 전국 곳곳에 최다 점포를 보유하고 있는 롯데백화점이라면 제 살 깎기 우려로부터 가장 자유로울 수 없을 것이다. 아울렛 출점 상권이 경쟁사의 고객을 뺏어오기보다는 다른 점포를 이용하는 자기 고객을 이동시키는 결과를 초래할 수 있기 때문이다. 따라서 리스크를 최소화하며 소비트렌드 변화를 수혜로 활용할 수 있을 만한 전략이 필요한 상황이다.

Fig 41

소비트렌드 변화와 유통 채널의 발전 과정

	~1980년대 중반	1980년대 중반 ~ 1990년대 중반	1990년대 중반 ~2000년대 중반	2000년대 중반 ~2010년대 초	2010년대 이후~
섬유·의복업	섬유 등 생산·수출 시대	캐주얼 및 기성복 전성시대	정장 및 캐릭터캐주얼 성장	명품, 스포츠웨어 급성장	고급 vs. 실용패션 혼재시대
유통업	동대문, 남대문 중심의 재래시장 발달 의류양판점, 맞춤복점 대세	가두대리점 성장 핵심 상권에 백화점 급부상 홈쇼핑 진입	Big 3 백화점으로 시장 집중 홈쇼핑 등 온라인 급성장 아울렛, 복합쇼핑몰 진입		온·오프라인 막론하고 모든 채널 간 경쟁 격화 모바일쇼핑 급성장
소비트렌드	의복은 필수재일 뿐 기성복 제조업체 등장에도 불구, 고감도패션 수요 저조	88올림픽 이후 소득 증가로 기성복 수요 급증 '브랜드'를 인지하게 됨	개성을 부각시킬 수 있는 패션의류 및 액세서리 주목 백화점 의류쇼핑 급증	주5일 근무 및 웰빙욕구로 스포츠의류 및 용품 급부상 '명품'의 대중화	불황, 저성장형 소비 확산 명품이 아니라도 차별화된 고급패션 선호, SPA 확산
점포 형태	[초기] 양판점 연쇄점	[대형화] 근대화슈퍼 백화점	[Big 3로 집중] 롯데, 현대, 신세계백화점 이마트, 롯데마트, 홈플러스	[신채널 부각] 아울렛스토어 온라인몰	[대형화, 집중화] Big 3의 아울렛 진출 오프라인업체의 온라인 진출

백화점 브랜드를 싸게 사고 싶은 욕구

백화점 전문 회사가 아울렛도 잘한다	기회?	Risk?
· 결국 브랜드 소싱력이 경쟁력 · 상품권, VIP서비스 등 차별화 가능	· 현재의 낮은 수수료는 장기적으로 오히려 기회일 수 있어 · 장기적으로 비효율점 전환도 가능	· 백화점산업 제 살 깎기 우려

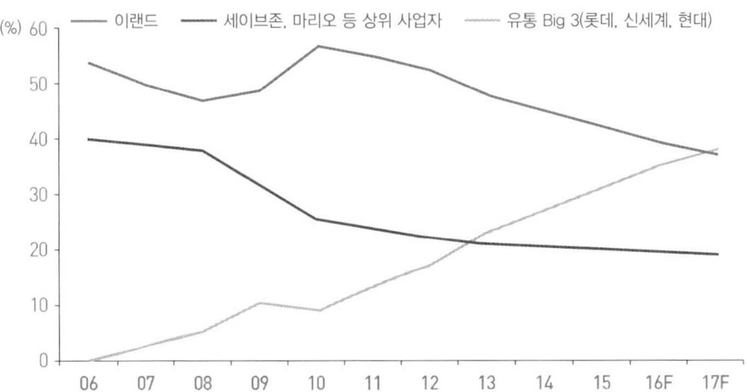

우리나라는 1990년대부터 아울렛 전문 개별 업체들의 출점이 활발해졌다. 아울렛 전문 개별 업체들은 특정 지역에 한 개 점포를 운영하거나, 전국에 걸쳐 다점포 전략을 펼치기도 하는데, 2014년 기준 이들의 시장 점유율은 70%에 육박하는 것으로 추정된다. 특히 뉴코아아울렛, 2001아울렛, NC백화점을 운영하는 이랜드그룹은 단일 회사로 아울렛시장의 약 절반을 차지하는 것으로 파악된다.

국내 아울렛시장은 1994년 '2001아울렛'이 문을 열면서 본격적으로 시작되었다. 1997년 경제위기로 소비자의 구매 패턴이 변화하고 의류업체들의 재고 물량이 증가함에 따라 재고 소진을 위해 자체적으로 아울렛스토어를 마련하며 아울렛산업이 성장하게 되었는데, 그 사례가 바로 가산디지털 패션단지다. 이후 이랜드그룹과 세이브존의 백화점형 아울렛 출점으로 시장이 꾸준히 성장해왔다.

국내 아울렛사업자별 시장 비중 추이

시 기	형 태	사 례
1990년대 초반	스트리트형	서울 문정동, 서울 목동, 일산 덕이동
1990년대 후반	백화점형, 패션 회사 직영(아울렛스토어)	2001아울렛, 세이브존, 뉴코아아울렛 / 한섬 팩토리, 오렌지 팩토리
2000년대	쇼핑몰형	마리오아울렛, 패션아일랜드, W몰
2007년 이후	교외 프리미엄형	여주, 파주 신세계사이먼 / 김해, 파주 롯데 아울렛
2008년 이후	도심형	롯데 광주, 서울역점

자료: 삼성디자인넷

부지불식간에 국내 아울렛시장은 이미 10조 원을 넘어서는 규모로 성장했다. 그럼에도 아울렛을 경험해보지 못한 사람은 아울렛의 정의가 혼돈스럽다. 아울렛의 유형이 워낙 다양하기 때문이기도 하다. 한국유통물류진흥원의 유통산업정보 분류 기준에 따르면 아울렛이란, '의류제조업체나 도소매업체들이 과잉생산품, 흠이 있는 상품, 남은 재고를 저가로 판매하는 직영점인 아울렛스토어 또는 이들이 집합돼 있는 아울렛 쇼핑센터'를 뜻한다.

아울렛에서는 이월 상품, 시즌오프 제품, 전시품, 경미한 하자품 등을 최대 90%까지 저렴하게 구입할 수 있다. 한편 이러한 상품 물량이 늘 풍부하진 않기 때문에 정상 제품 판매 채널(백화점, 가두점 등) 대비 상품이 한정된다는 한계가 있다. 하지만 최근에는 아울렛 수요가 증가하면서 의류업체들이 신상품을 10~20% 할인율을 적용하여 아울렛에서 판매하기도 하며(이는 마치 백화점에서 브랜드세일을 하는 것과 동일한 효과) 아울렛 전용 기획상품을 별도로 제작하여 공급하기도 하는 실정이다.

　[Fig 44]는 아울렛을 입지, 외관, 재고 확보 방식 등을 기준으로 분류한 것이다. 최근 대형 유통업체들이 아울렛시장에 활발히 진출하면서 빈번하게 회자되는 용어는 바로 '도심형'과 '교외 프리미엄형' 아울렛이다. 프리미엄형 아울렛은 내수 브랜드보다는 명품을 주력으로 취급해야 하지만 국내 프리미엄형 아울렛은 미국처럼 명품 비중이 절

아울렛 형태 분류

분류 기준	VS.		
입지 (사례)	도심형 아울렛 (가산 마리오아울렛, 서울역 롯데 아울렛)		교외형 아울렛 (파주 신세계사이먼, 김해 롯데 프리미엄 아울렛)
외관 (사례)	Closed Mall (세이브존, 2001아울렛)		Open·Strip Mall (송도 커넬워크, 이천 롯데 프리미엄 아울렛)
집합 형태 (사례)	쇼핑몰형 (파주 롯데아울렛)		Street형 (문정동 로데오거리)
재고 확보 방식 (사례)	팩토리아울렛 (한섬 팩토리)	리테일아울렛 (롯데아울렛)	Off-price 스토어 (오렌지 팩토리)

도심형 vs. 프리미엄형 아울렛 특성

구 분	도심형	프리미엄형
특징	대중교통이 편리한 도심지에 위치 시즌별로 할인행사나 테마상품 기획	도시 외곽에 대규모로 위치 가족 단위 고객에게 쇼핑, 휴식 동시 제공
상품 구성	국내 브랜드 위주	해외 명품브랜드 구비
소비자	젊은 소비자 공략 20~40대까지 고르게 분포 가격에 민감한 소비자 도시에 거주하는 중산층	중저가에서 고가까지 폭넓은 가격대 럭셔리 브랜드를 활용한 고급화 전략 주로 20~30대 젊은 층 목적을 가지고 장시간 체류
점포 예시	마리오아울렛, W몰, 패션아일랜드, 한섬F/X, 하이브랜드 지역별 롯데아울렛(서울역, 광주월드컵, 대구 율하 등)	신세계사이먼(여주, 파주, 기장) 롯데 프리미엄(김해, 파주, 부여, 이천)

자료: 삼성디자인넷

대적이지는 않다. 프리미엄 아울렛은 주로 외곽에 짓기 때문에 '교외 프리미엄형'이라 부른다. 반면 '도심형'은 말 그대로 도시 중심에 위치하고 있으며 주로 내수 브랜드를 취급하고 있다. 따라서 도심형과 교외 프리미엄형을 대별되는 개념처럼 사용하고 있다. 가령 동일한 롯데아울렛이라도 서울역점은 도심형, 파주 프리미엄 아울렛은 교외 프리미엄형이 된다.

[Fig 46]은 백화점 등 다른 업태와 아울렛의 차이점을 비교 정리한 표이다. 아울렛이 백화점과 다른 가장 큰 차이점은 '이월 상품'을 주력으로 판매한다는 점이고, 복합쇼핑몰과 다른 점은 '중고가 브랜드'를 취급한다는 점이다. 일반적으로 쇼핑몰에는 쇼핑몰 전문 브랜드가 입점하는 편이며 이들은 백화점 브랜드와는 다른 중저가 상품인 경우가 대부분이다. 아울렛도 중저가 브랜드를 주력으로 취급하는 업체도 있지만(세이브존, 2001아울렛) 대형 유통업체들이 진출하는 아울렛은 백화점 브랜드의 이월상품을 다루는 것이 일반적이다.

한편, 신세계가 2007년 프리미엄 아울렛을 첫 출점하고 이듬해인 2008년 롯데쇼핑 백화점사업부에서 도심형, 프리미엄형 아울렛을 출점하면서 대형 백화점업체들의 시장 진출이 시작되었다. 2015년부터 현대백화점도 이에 가세하면 Big 3 백화점의 아울렛 점유율은 27% 수준까지 상승하고 2017년에는 38%에 육박하며 아울렛 시장점유율 1위인 이랜드그룹을 앞설 것으로 예상된다. 이는 현재 예정된 출점만을 가정한 것이기에 Big 3 백화점들의 출점 계획이 추가될 경우 점유율은 가파르게 상승할 것으로 보인다. 국내 백화점시장에서도 Big 3는

백화점 vs. 할인점 vs. 아울렛 vs. 복합쇼핑몰 구분

구 분	백화점	할인점	아울렛	복합쇼핑몰
입지	도심, 유통인구 많은 곳 고급 상권	주거 밀집 지역 동네 상권	도심 외곽 지역에 주로 발달 최근에는 도심 진출 활발	도심, 유통인구 많은 곳
상품 구성 및 특징	고가 패션브랜드 위주 명품 취급	식품 위주 중저가 패션브랜드 입점	의류업체 자체 재고 중고가 패션브랜드 이월 상품 프리미엄 아울렛은 명품 취급	중저가 패션브랜드 위주
규모 (영업면적)	7,000평~2만 평까지 다양	평균 1,000~2,000평	1만 평 이상	1만 평 이상
투자비	평균 3,000억 원 이상	평균 700~1,000억 원	평균 2,000~3,000억 원	평균 5,000억 원 이상
사업운영 방식	입점 업체들로부터 매출 액의 일정 부분 수수료 정액 임대료 수취도 일부	직영 비중이 70% 이상 패션, 식음료매장 입점 수수료 또는 정액임대 료 수취	입점 업체들로부터 매출액의 일정 부분 수 수료 정액 임대료 수취 도 일부	입점 업체들로부터 매출액의 일정 부분 수수료 정액 임대료 수 취도 일부
평균 매출 총이익률	30~35%	23~25%	15~20%	10~15%
평균 영업이익률	8~10%	5~7%	4~6%	-
점포 예시	롯데백화점 명동 본점 현대백화점 압구정점	이마트 성수점 롯데마트 서울역점	가산 마리오아울렛 파주 신세계사이먼	경방 타임스퀘어 서부T&D 스퀘어원

지속적인 출점을 통해 점유율 30% 수준에서 75%까지 높여왔기에 이번 트렌드를 의미 있게 지켜볼 필요가 있다.

아울렛사업에 있어서 Big 3 유통사들만의 강점은 프리미엄 아울렛 운영으로 차별화할 수 있다는 점이다. 명품 구색을 갖춰야 하는 프리미엄 아울렛은 일반 여타 업체들이 하기에는 소싱력 측면에서 어려움이 있기 때문이다. 신세계사이먼과 롯데가 2014년 말 기준 총 6개의 국내 백화점 시장 규모와 Big 3 비중 추이 – Big 3 백화점들은 지속적인 출점과 합병을 통해 점유율 30%
수준에서 75%까지 높여와, 아울렛도 이러한 움직임 지켜볼 필요 있어

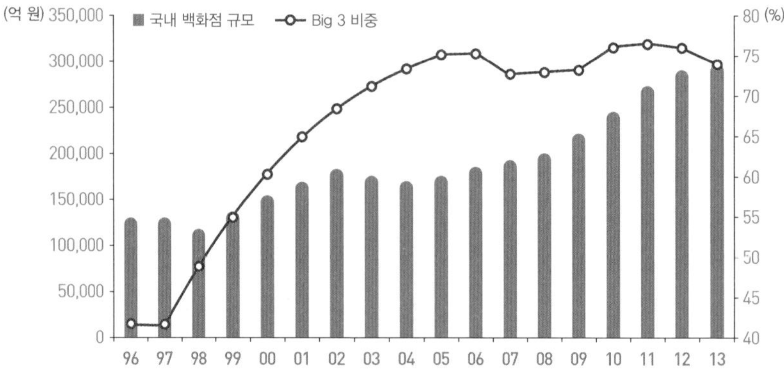

자료: 통계청, 각 사

프리미엄 아울렛을 운영하고 있으며 이들 총매출이 약 1조 5,000억 원에 이르러 아울렛시장의 15%를 점유하고 있는 것으로 추정된다. 2015년 말 김포를 시작으로 현대백화점도 프리미엄 아울렛시장에 진출함으로써 3사의 확정된 스케줄을 감안할 때 2017년 프리미엄 아울렛시장은 약 4조 원 규모로 성장하여 전체 시장의 25%를 점유할 것으로 전망된다.

롯데쇼핑의 아울렛사업을 보다 자세하게 살펴보자. 2015년 롯데쇼핑의 백화점사업부 관리 기준 매출액에서 아울렛이 차지하는 비중은 20%에 이를 것으로 예상된다. 저성장, 경기 침체와 더불어 합리적 소비가 확산되면서 아울렛에 대한 수요가 점차 높아지고 있기 때문이다. 롯데쇼핑은 이러한 트렌드 변화에 가장 적극적으로 대응하며 도

국내 프리미엄 아울렛 규모 추이 및 예상

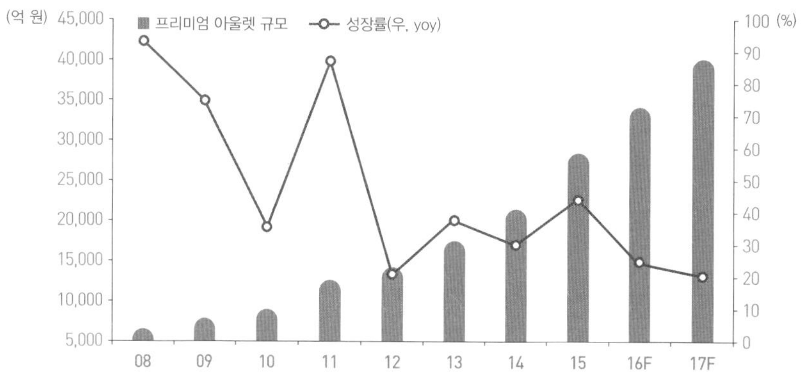

자료: 롯데쇼핑, 신세계, 현대백화점

심형, 프리미엄형 아울렛을 출점 중이다. 2015년 상반기 기준 롯데쇼핑의 도심형과 프리미엄형 아울렛은 각각 10개, 5개점으로 총 15개점을 운영하고 있다. 향후 2020년까지 도심형 아울렛 5~10개, 프리미엄형 아울렛 3~4개를 추가 출점할 것으로 전망된다. 소비트렌드 변화에 따른 새로운 성장 동력원을 찾는 것은 매우 고무적으로 판단되나, 기존 백화점 고객이 아울렛으로 이동할 우려가 있다는 점, 백화점 대비 낮은 수익성을 극복할 방안이 필요하다는 과제를 남겨두고 있다.

아울렛이 입점 업체들로부터 받는 수수료는 15~20%인 것으로 파악되는데 이는 백화점 대비 현저히 낮은 수준으로 두 업태 간의 영업이익률 차이를 보이는 결정적인 원인이다. 하지만 아울렛은 백화점 대비 감가상각을 요구하는 투자비가 30~50% 정도 수준이고, 마케팅을 비롯한 각종 서비스를 최소화할 수 있어 영업이익률이 적게는 불과 2% 수준의 차이를 보이기도 한다. 대형 유통업체들이 도심형 아울렛 사업에 뛰어든 지 이제 만 5년에 접어들었기에, 향후 백화점 수준으로 영업이익률을 높이기 위한 각종 전략이 행해질 것으로 예상된다. 롯데아울렛의 경우 이미 일부 점포들은 백화점 평균 대비 높은 영업이익률을 달성하는 곳도 있어 매우 고무적인 상황이다.

Fig 49

롯데쇼핑 백화점 vs. 아울렛 매출액 비교

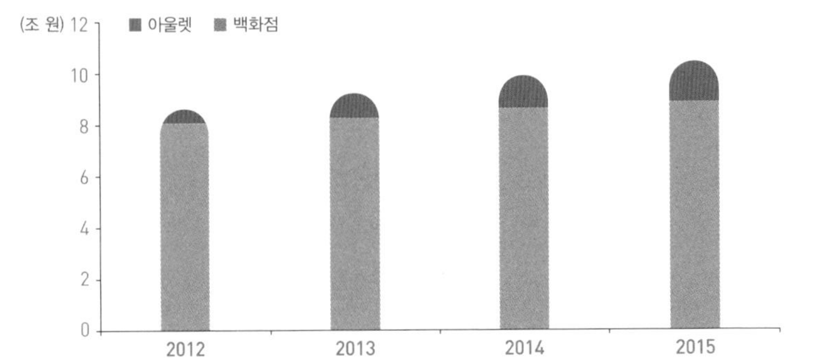

Fig 50

롯데쇼핑 백화점과 아울렛의 매출 비중

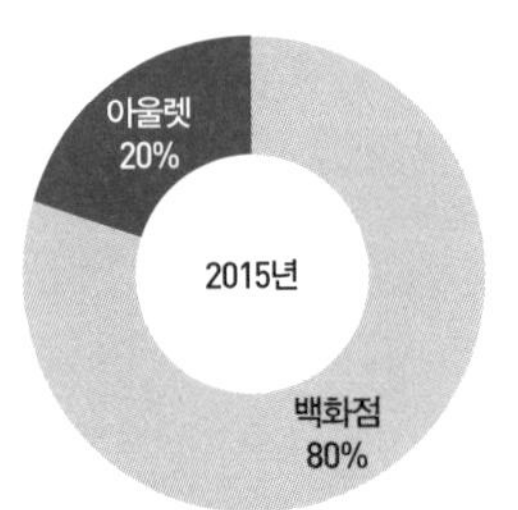

Fig 51

롯데쇼핑 형태별 아울렛 출점 현황

롯데쇼핑 아울렛 출점 및 매출 현황

(단위: 억 원)

구 분	점포명	형 태	총매출액
2008년 10월	광주월드컵점	도심형	
2008년 12월	김해	프리미엄	
2009년 9월	광주수완점	도심형	
2010년 7월	대구율하점	도심형	
2010년 합계		4개	3,700
도심형		3개	1,600
프리미엄		1개	2,000
2011년 12월	파주	프리미엄	
2011년 4월	이시아폴리스점	도심형	
2011년 합계		6개	5,700
도심형		4개	2,700
프리미엄		2개	3,000
2012년 12월	청주점	도심형	
2012년 합계		7개	10,100
도심형		5개	4,500
프리미엄		2개	5,600
2013년 1월	서울역점(한화역사)	도심형	
2013년 8월	부여	프리미엄	
2013년 10월	이천	프리미엄	
2013년 합계		10개	15,000
도심형		6개	7,000
프리미엄		4개	8,000
2020년	도심형 15~20개, 프리미엄 7~8개 계획		40,000

자료: 롯데쇼핑

롯데아울렛

자료: 롯데쇼핑

마리오아울렛

자료: 마리오아울렛

신세계 사이먼 아울렛

자료: 신세계사이먼

현대 김포 프리미엄아울렛

자료: 현대백화점

멘토의 Tip ⑨ 아울렛 비즈니스 관련 세 가지 질문 던지기

아울렛 비즈니스 관련 세 가지 큰 질문을 던져봅시다.

아울렛사업은 롯데쇼핑의 신성장 동력으로 인식되고 있습니다. 향후 적극적인 투자가 진행된다고 보면 이에 투입될 인력에 대한 니즈도 지속적으로 늘어날 가능성이 큽니다. 따라서 본문의 내용에 근거하여 아울렛사업에 관한 다음의 세 가지 관점을 잘 분석해두기 바랍니다. 첫째,

아울렛 영역과 기존 백화점 영역과의 상충 문제를 어떻게 관리해나갈 것인가의 문제입니다. 둘째, 경쟁 아울렛과의 차별화 전략은 어떻게 짜야 할지 문제입니다. 셋째, 도심형 아울렛과 프리미엄형 아울렛의 점포 전략은 각각을 어떻게 차별화해야 시너지를 만들어낼 수 있는지의 문제입니다. 이 밖에 보다 다양한 주제들을 설정해볼 수 있겠지만 이 세 가지 정도만이라도 관련 내용을 참고해서 미리 정리해보면 좋겠습니다. 완벽한 내용을 찾으려 하기보다는 먼저 보편 타당하면서도 약간의 특징을 찾는 시도가 필요합니다. 처음부터 완벽한 내용을 정리하려다 보면 오히려 흥미를 잃어버리기 쉽기 때문입니다. 취업에 필요한 콘텐츠는 전문적인 내용이 아니라 각각의 특징을 정확하게 이해하고 거기에 근거하여 합리적인 추론의 결과를 보여주는 내용이면 충분합니다.

향후 귀추가 주목되는 편의점사업

한편 아울렛과 마찬가지로 신성장 사업으로 향후 귀추가 주목되는 두 번째 사업은 바로 편의점이다. 롯데쇼핑 사업부 중 세븐일레븐과 바이더웨이가 바로 편의점사업부다.

먼저 편의점업의 수익구조를 간단히 살펴보자. 편의점사업의 수익구조는 여타 유통업태와는 다소 다르다. 할인점의 경우 주로 매입한 상품을 직영으로 판매하고, 백화점은 입점 업체로부터 일정률의 수수료를 취한다. 한편, 편의점은 가맹점과 판매 위탁계약을 맺는 형식을 취하고 있다(단, 재고는 가맹점 부담임에 유의). 따라서 편의점 회사는 가맹

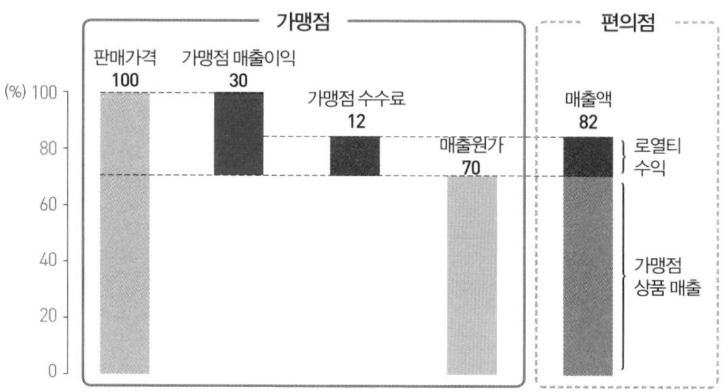

점에 공급하는 상품가액(편의점 회사와 가맹점 모두에게 이는 매출원가이기도 함)과 가맹점에서 최종 소비자에게 상품을 판매한 후 남는 마진의 약 40%를 추가 매출액으로 인식하는 방식을 취하고 있다.

1990년대 이후 편의점산업은 두 차례의 성장을 보였다. 유통업체들의 편의점사업 진출이 활발해지며 시장 선점을 위한 출점을 가속화하던 때가 1차 성장기다. 2차 성장기는 한국의 인구구조적 변화에 따른 것으로 베이비부머 세대의 은퇴와 맞물려 있다. 최근에는 동네슈퍼(맘&팝 스토어)들이 편의점으로 전환하는 경향이 있어 흥미롭다.

한편, 편의점 업계 1위 사업자는 BGF리테일의 CU이며, 그 뒤를 롯데쇼핑의 세븐일레븐(바이더웨이 포함)과 GS리테일의 GS25가 비슷한 수준으로 2, 3위의 자리를 경쟁 중이다. 영업이익률에 있어서 세븐일레

국내 편의점시장 규모 및 점포 수 추이 – 1990년대 이후 편의점산업은 두 차례 성장을 보임.
향후 1인 가구, 고령화사회로 인한 성장 기대

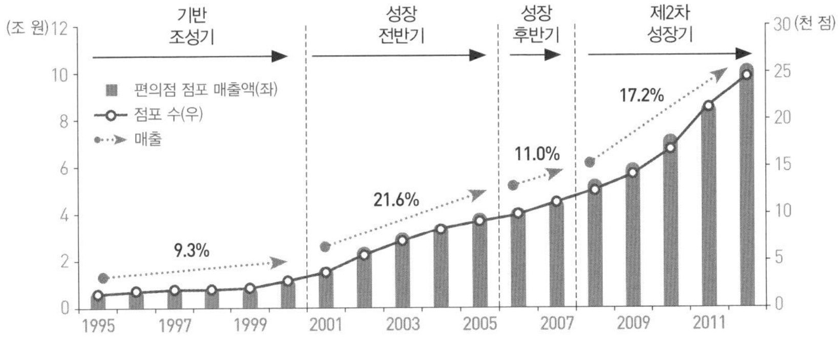

븐은 동종 업계 대비 다소 낮은 모습이다. 타사가 독립법인으로서 상
장사라는 점이 세븐일레븐과 차이점이기도 하고, 세븐일레븐은 부진
점포 정리 작업을 다소 늦게 시작한 까닭에 수익성이 단기간에 크게
하락했다는 점도 원인 중 하나다.

편의점 3사 점포 수 추이

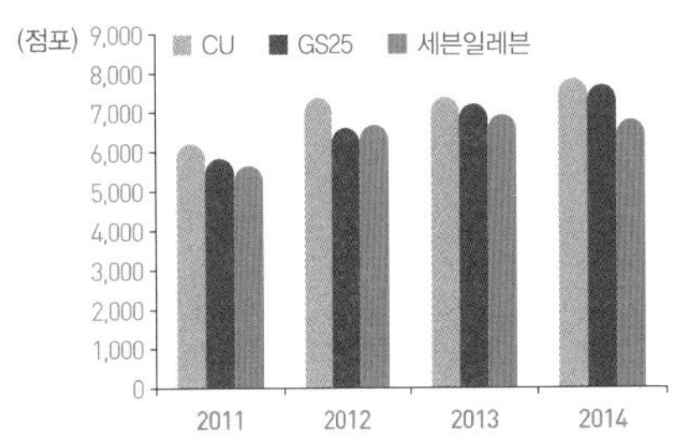

편의점 3사 점포 기준 시장점유율

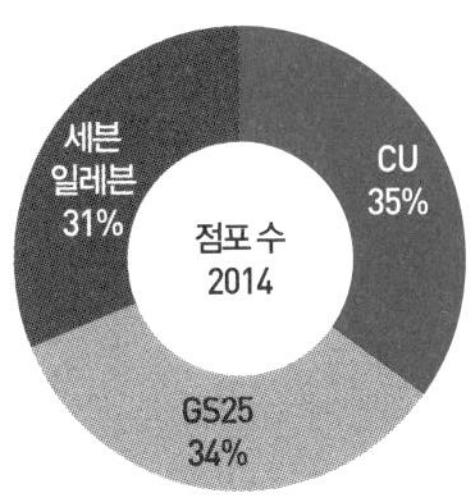

편의점 3사 매출액 추이

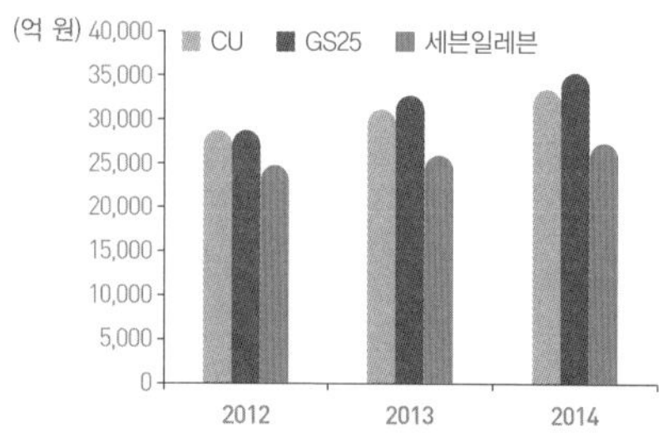

자료: 한국편의점협회, 각 사

편의점 3사 매출액 기준 시장점유율

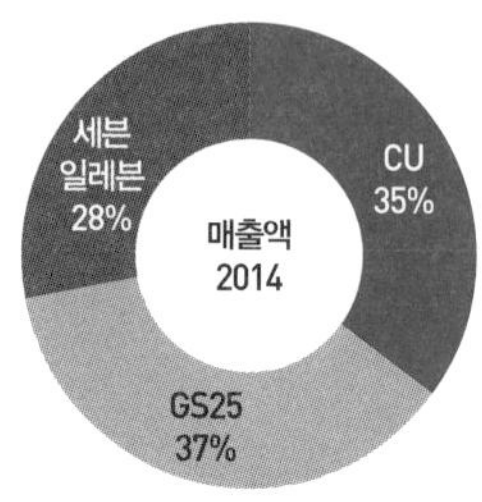

자료: 한국편의점협회, 각 사

편의점 3사 영업이익 추이

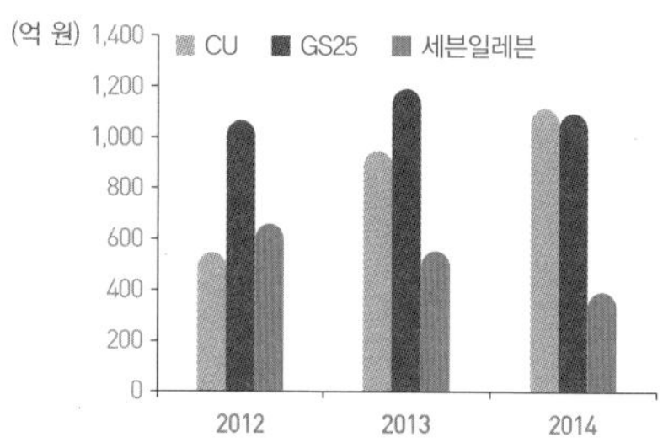

자료: 한국편의점협회, 각 사

편의점 3사 영업이익률 추이

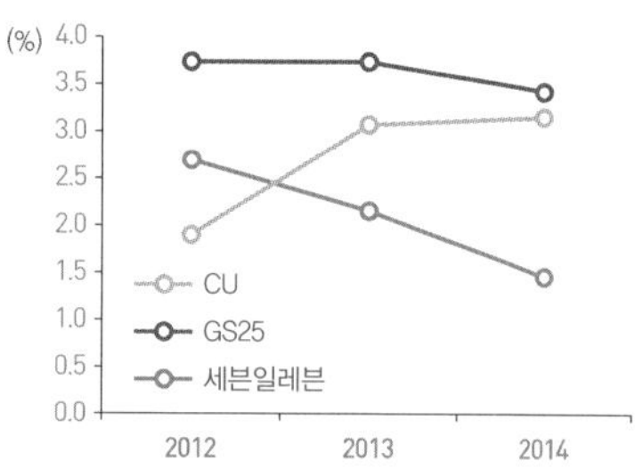

자료: 한국편의점협회, 각 사

세븐일레븐 매출액 및 증감률

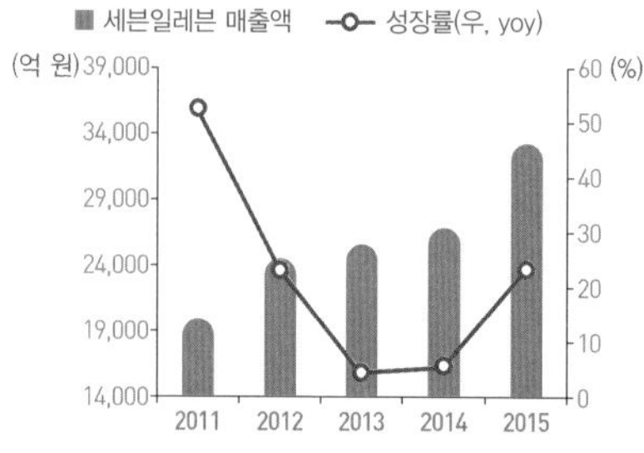

자료: 롯데쇼핑

세븐일레븐 영업이익 및 이익률

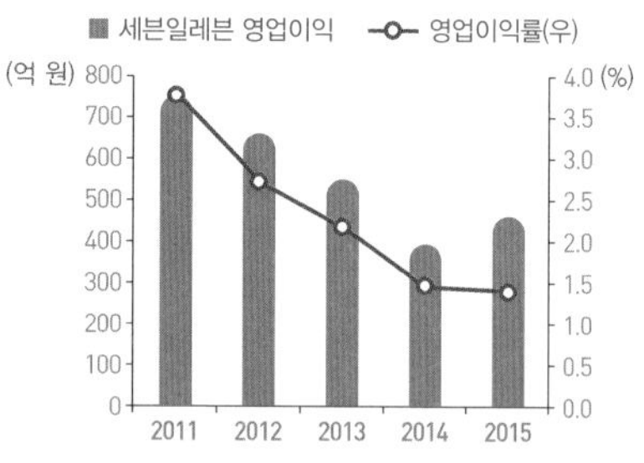

자료: 롯데쇼핑

관련 자료 찾아보기 ❼
검색 키워드, 『바로 간다 GS리테일』

편의점사업에 대해 보다 자세한 내용을 알고 싶다면『바로간다 GS리테일』편을 참고해보기 바랍니다. 편의점산업의 흐름과 이슈 중심으로 정리된 내용을 살펴볼 수 있습니다. 분량이 부담된다면 온라인 검색을 통해 편의점산업의 주요 이슈를 중심으로 살펴보기 바랍니다.

적극적으로 나선 해외 사업

마지막으로 아울렛과 편의점 외에 롯데쇼핑에서 주력하고 있는 또 하나의 신성장 사업은 해외 사업이다. 롯데쇼핑은 국내 시장의 성장 한계를 극복하기 위해 일찌감치 해외 진출에 적극적인 모습을 보였다. 현재 중국, 러시아, 인도네시아, 베트남에서 백화점, 할인점 사업을 운영하고 있다.

2014년 롯데쇼핑 전체 매출에서 해외 사업이 차지하는 비중은 약 10% 수준이다. 다만 해외 사업은 아직 큰 폭의 적자를 기록 중이다. 유통업의 특성상 점포 단위당 매출액이 급증하기보다는 점진적으로 개선되며 추가 출점으로 감가상각 등 투자 관련 비용이 지속적으로 발생하기 때문에 단기간에 적자폭이 줄어들지는 않는다. 롯데쇼핑은 국내 유통사 중 해외 사업을 가장 적극적으로 진행하고 있기에 당분간

국내 vs. 해외 사업 매출 비중

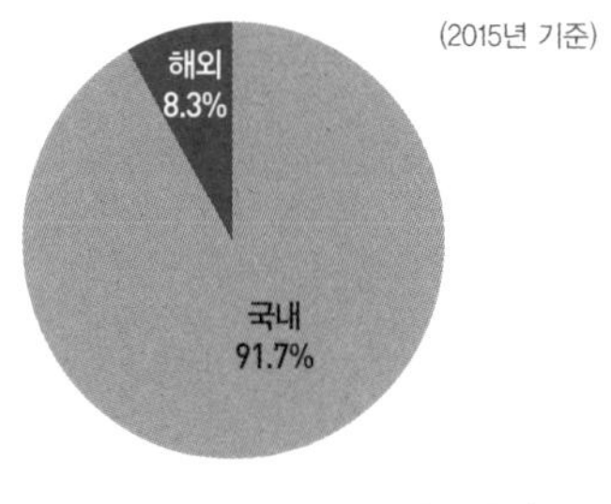

자료: 롯데쇼핑

국내 vs. 해외 사업 영업이익 비중

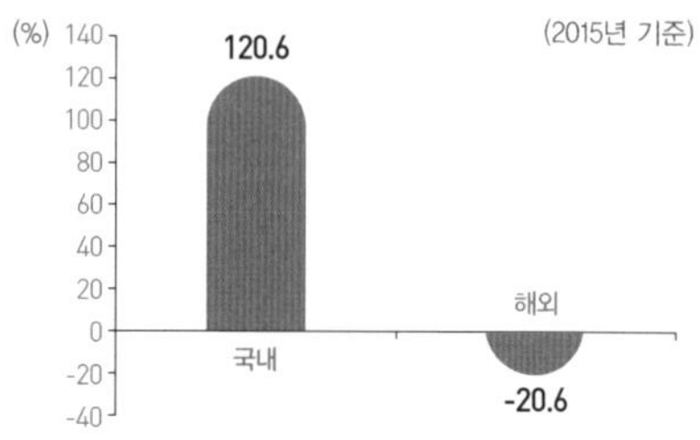

자료: 롯데쇼핑

관련 사업에서 적자를 기록할 것으로 예상되지만, 유통사업은 손익분기점에 도달하면서부터는 수익성이 크게 개선된다는 점도 주지할 사항이다.

2014년 롯데쇼핑의 해외 사업 매출액은 2조 6,000억 원을 넘어섰다. 매출 비중이 가장 높은 국가는 중국으로 2014년 말 기준 55%에 이른다. 반면 이익에 가장 큰 기여를 하고 있는 국가는 인도네시아다. 출점의 용이함, 외자기업 선호, 소득 수준 측면에서 국내 유통업체들이 가장 매력적으로 조명하고 있는 국가이기도 하다. 앞서 언급했던 바와 같이 롯데쇼핑은 중국에서의 사업이 고전을 면치 못하고 있어 영업이익에 큰 부담이 되고 있다. 향후 중국 사업의 실적 턴어라운드가 회사로서는 관건인 상황이다.

롯데쇼핑 주요 국가별 매출 내역 – 중국 사업이 녹록지 않은 가운데 베트남 사업 꾸준히 성장 중

(단위: 억 원)

구 분	2010		2012		2013	
	금액	비중	금액	비중	금액	비중
한국	172,745	89.4%	227,102	89.3%	257,326	90.4%
중국	12,165	6.3%	16,094	6.3%	15,066	5.3%
베트남	495	0.3%	802	0.3%	2,044	0.7%
인도네시아	7,749	4.0%	10,345	4.1%	10,372	3.6%
합계	193,154	100.0%	254,343	100.0%	284,808	100.0%

자료: 롯데쇼핑

**해외 국가별 매출액 구성비
– 중국 매출 비중 가장 높아**

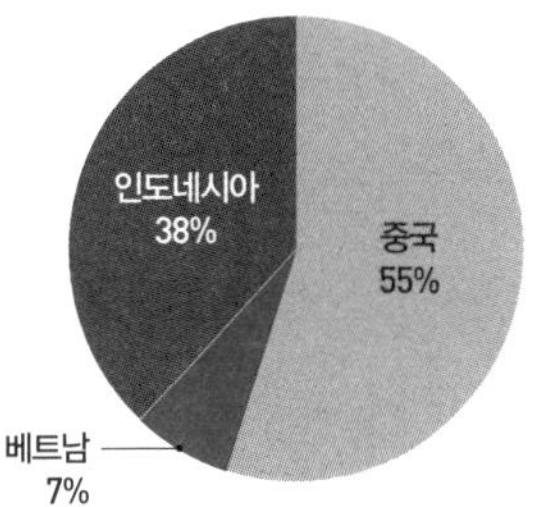

자료: 롯데쇼핑

**해외 국가별 순이익
– 중국 적자폭이 매우 큰 상황**

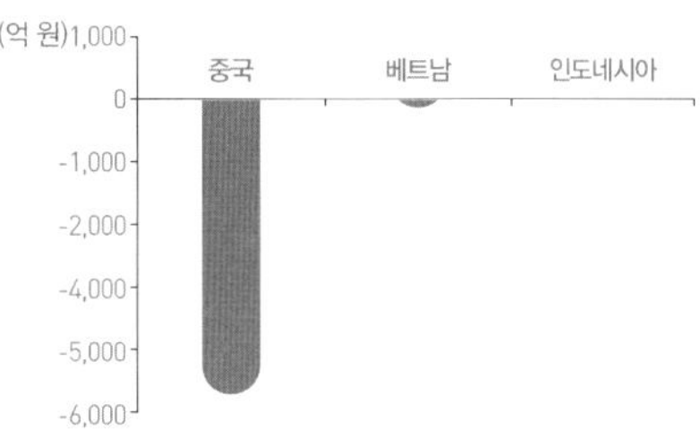

자료: 롯데쇼핑

롯데쇼핑 해외 법인 매출액 추이

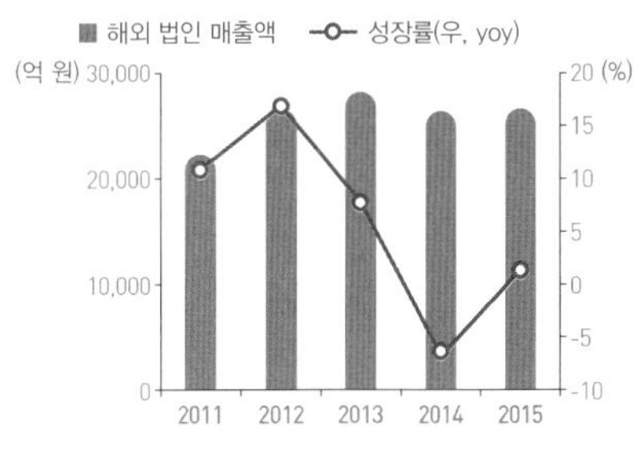

자료: 롯데쇼핑

롯데쇼핑 해외 법인 영업이익 추이

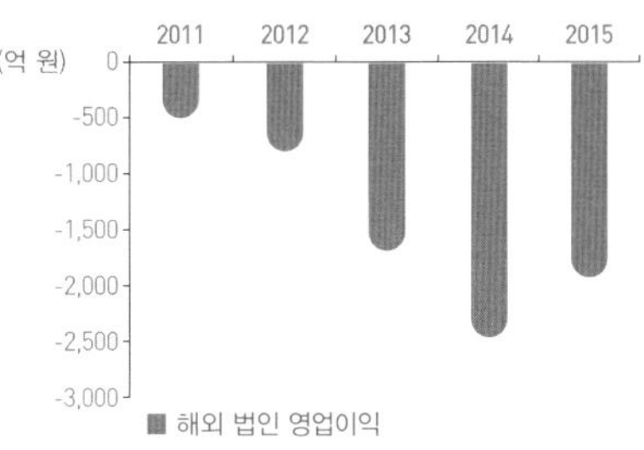

자료: 롯데쇼핑

 **현지화에 대한 구체적인 전략을 분석해봅시다.**

롯데마트 인도네시아는 매우 성공적인 사례로 평가되고 있습니다. 현지화에 성공했다는 점을 주요인으로 거론하는데, 구체적으로 어떤 전략으로 현지화에 성공했는지를 잘 살펴보기 바랍니다. 이와 함께 적자로 고전하고 있는 중국 사업에 대해서도 자신만의 영업 및 마케팅 전략을 탐색해보기 바랍니다. 중국 현지화 전략 과정에서 부족했던 부분은 무엇인지, 이를 보완하고 롯데마트만의 강점을 극대화할 수 있는 방법은 무엇인지 등을 고민해볼 수 있습니다.

03

늘 따라다니는
규제

유통업에 대한 정부의 규제 기준

유통업은 내수 산업 중 유난히 정부의 규제가 많은 업종이다. 대표적으로 다음과 같은 법령과 규제의 영향을 받고 있다.

- **대규모 유통업에서의 거래 공정화에 관한 법률:** 대형 유통업체는 정당한 사유 없이 납품업자에게 상품대금 감액, 반품과 같은 불공정행위를 할 수 없음
- **대·중소기업 상생협력 촉진에 관한 법률:** 대기업 등이 사업을 인수, 개시, 확장하여 중소기업의 경영 안정에 현저하게 나쁜 영향을 미치거나 미칠 우려가 있다고 인정될 때 중소기업단체는 사업 조정을 신청할 수 있음
- **유통산업발전법:** 대규모 점포를 개설하고자 하거나 전통상업보존구역에

준대규모 점포를 개설하고자 하는 자는 영업을 개시하기 전에 시장,군수, 구청장에게 등록하여야 하고, 지방자치단체는 조례로 대규모 점포 중 대통령령으로 정하는 것과 준대규모 점포에 대하여 영업 시간 및 의무휴업일을 정할 수 있음
- **교통유발부담금:** 도로교통촉진법에 따라 인구 10만 명 이상 도시에서 각 층 바닥 면적의 총합이 1,000㎡ 이상인 시설물 연면적에 단위부담금, 교통유발계수 등을 반영해 산정하며 아울러 법령에서 정한 기준의 100%까지는 지자체가 조정할 수 있음

이들 중 유통산업발전법상의 규제와 공정거래위원회의 업태별 모범거래기준 두 가지에 대해서 구체적으로 살펴보자. 유통산업발전법은 재래시장 및 중소상권을 보호하고자 대형 유통업체들의 출점 및 영업시간을 제한하고 있다. 공정거래위원회에서는 업태별 모범거래기준을 별도로 제시하고 있는데 이 역시 중소상인 및 자영업자를 보호하고자 하는 취지이다. 구체적으로는 대형 유통사에 납품하는 중소상인들을 상대로 높은 입점수수료를 부과하는 것을 제한하거나, 대형 유통사와 가맹계약을 맺고 있는 프랜차이즈 가맹점주에 가해지는 과도한 부담을 제한하고자 하는 규제안을 내놓은 바 있다.

2012년 11월 유통산업발전법 개정안 내용은 할인점사업자들에게 상당한 타격을 준 규제였다. 이후 지방자치단체와의 소송 및 협의로 공휴일이 아닌 평일에 자율휴무를 하게끔 조정된 지역이 있기도 했지만 현재는 대부분의 점포가 강제휴무일인 일요일에 월 2회 휴무를 실

시하고 있다. 영업 시간의 경우 24시간 영업은 물론 오전 8시 개점도 규제 대상이었는데 현재는 점포 대부분이 오전 10시부터 자정까지 영업하고 있는 상황이다. SSM 역시 출점 제한이 걸린 탓에 슈퍼를 공격적으로 출점히려던 할인점사업자들은 직영점을 늘리는 대신 가맹점 비중을 늘리거나 중소형 슈퍼사업자들을 인수함으로써 제한적인 영업만을 하고 있다.

Fig 74

유통산업발전법 개정안 요약 – 대형마트 강제휴무 및 영업 시간 제한이 시작된 계기

구분	개정 전(2012년 1월)	개정 후(2012년 11월 16일)	제1차 유통산업발전협의회 주요 내용
규제 대상	대형마트, SSM	대형마트, SSM, 쇼핑몰 등에 입점한 대형마트	›› 대형마트는 인구 30만 이상 중소도시 출점 자제
영업 시간 제한	자정 ~ 오전 8시	밤 10시 ~ 오전 10시	
의무휴업	매월 1~2회	매월 1~3회	›› SSM은 인구 10만 이상 중소도시 출점 자제
처벌 규정	과태료 3,000만 원	과태료 1억 원, 연간 3회 이상 위반 시 1개월 영업정지	›› 롯데마트, 이마트, 홈플러스, 홈플러스 익스프레스, 롯데슈퍼, GS슈퍼, 이마트 에브리데이 대상
예외	쇼핑몰 등에 입점한 대형마트 농수산물 매출액 비중 51% 이상 점포	농수산물 매출액 비중 55% 이상 점포	
기타	-	시장, 군수, 구청장 소속의 유통업 상생발전협의회 구성	›› 매월 2회 자율휴무 실시

자료: 지식경제부

참고: 중소도시는 서울특별시와 6개 광역시를 제외한 9개 도시

공정위의 입점 판매수수료 인하 조치 – 유통업체 판매수수료 과다부과에 대해 제동을 걸었던 조치

업태	1차 인하 (2011년 11월)				2차 인하 (2012년 11월)
	인하 대상	인하 기준	업체별 인하 규모	예외	인하 대상
백화점	1,054개 중소 납품업체 대상 3~7%pt 인하 수수료 관련 비용 연 186억 원 절감	의류, 생활잡화의 평균 수수료를 32% → 25~29% 수준으로 인하	- 롯데: 800개 업체 중 403개 대상 100.3억 원 인하 - 현대: 626개 업체 중 321개 대상 47.2억 원 인하 - 신세계: 610개 업체 중 330개 대상 38.1억 원 인하	대기업 및 계열사, 외국계 직진출 브랜드 등 현재 20% 수준의 낮은 수수료 업체	» 1차 인하 시 인하하지 않았던 납품업체 1,200개 » 백화점 1%pt, 대형마트 2%pt 인하 » 연간 197억 원 인하 효과
대형 마트	900개 중소납품업체 대상 3~5%pt 인하 수수료 관련 비용 연 129억 원 절감	식품, 생활용품의 평균장려금을 10% → 5~7% 수준으로 인하	- 이마트: 721개 업체 중 376개 대상 57억 원 인하 - 홈플러스: 614개 업체 중 288개 대상 37억 원 인하 - 롯데마트: 449개 업체 중 236개 대상 36억 원 인하		
홈쇼핑	455개 중소납품업체 대상 3~7%pt 인하 수수료 관련 비용 연 44억 원 절감	의류, 생활잡화의 평균 수수료를 37% → 30~34% 수준으로 인하	- GSH: 143개 업체 중 72개 대상 9.6억 원 인하 - CJO: 207개 업체 중 105개 대상 9.2억 원 인하 - 현대홈: 285개 업체 중 143개 대상 10.3억 원 인하 - 롯데홈: 210개 업체 중 105개 대상 10억 원 인하 - NSH: 60개 업체 중 30개 대상 4.4억 원 인하	대기업 및 계열사, 외국계 기업 수입벤더	TV홈쇼핑과 차순위 대형 유통 업체들의 판매수수료 인하는 자율적 동참 요청

자료: 공정거래위원회

모두를 긴장하게 만든 편의점 규제

공정위는 가맹점주들을 보호하기 위해 프랜차이즈 업종에도 규제를 가했는데, 특히 편의점에 대한 규제가 2012년 말에는 핫이슈였다.

편의점은 상장대기업이 속해 있는 업종이었기에 주식시장에서도 편의점 규제에 대해 민감하게 주목하였다. 편의점업체가 가맹점주들에게 어떤 부담을 안기는지 명확하게 알게 된 계기였다.

한편, 편의점 상위 사업자인 BGF리테일, GS리테일, 세븐일레븐에 위협을 준 사건이 있었는데 그것은 이마트의 편의점시장 진출이다. 당시 이마트는 프랜차이즈업에 가해진 이러한 일련의 사건들을 신사업 기회로 삼았기 때문이다. 2013년 이마트는 위드미라는 작은 편의점 회사를 인수하였고 이듬해인 2014년 7월 사업설명회를 통해 전국에서 위드미 가맹점주를 모집하며 편의점사업의 본격적인 착수를 알리기에 이른다. 편의점 가맹점주들이 편의점사업을 운영하며 가장 힘들어 하는 세 가지를 파고드는 것이 이마트 위드미의 전략이었다. 그 세 가지는 24시간 강제 영업, 계약해지위약금, 이익에 대한 정률공유제였다. 이에 대해 위드미는 영업시간 제한이 없고, 계약 해지위약금이 없으며, 이익에 대해 '정액' 로열티를 납부하는 방식의 신개념 계약 형태를 제시해 시장에 큰 파장을 불러일으켰다.

대형 편의점업체들은 작은 위드미가 자신들을 위협하기는 달걀로 바위 치기라며 신경 쓰지 않는 듯했으나, 한편으로는 이에 대응하여 영업 시간이 짧은 계약 타입을 신설했고 해지위약금이 부담스러운 일부 가맹점주에 대해 이를 면제해주기도 했으며 가맹점주 이탈을 막기 위한 상생비용을 지출하는 모습도 보였다. 국내 5만여 개에 이르는 편의점 중 위드미 개수는 2015년 연말 기준 아직 1,000개가 채 안 되는 상황이지만 편의점 업계에 분명 부담이 되는 존재인 것으로 보인다.

공정위의 업종별 모범거래기준 주요 내용 요약 – 편의점 업계를 긴장시킨 규제

구분	제과제빵 (2012. 4. 10)	치킨업종 (2012. 7. 5)	피자업종 (2012. 7. 5)	커피업종 (2012. 11. 12)	편의점 (2012. 12. 14)
적용 업체	SPC(파리바게뜨, 파리크라상) CJ푸드빌(뚜레주르)	제네시스비비큐(BBQ), GNS BHC(BHC), 교촌F&B(교촌치킨) 페리카나(페리카나), 농협목우촌(또래오래)	MPK그룹(미스터피자), 한국도미노피자(도미노피자)	카페베네, 롯데리아, 할리스, 탐앤탐스, 투썸플레이스 (스타벅스, 커피빈은 직영점만 운영, 가맹점 없음)	BGF리테일(CU), GS리테일(GS25) 코리아세븐(세븐일레븐), 바이더웨이, 미니스톱
선정 기준	가맹점 수 1천 개 이상 or 가맹점 수 1백 개 이상 + 매출액 1천억 원 이상	가맹점 수 1천 개 이상 or 가맹점 수 1백 개 이상 + 매출액 1천억 원 이상(계열사 포함)	가맹점 수 1천 개 이상 or 가맹점 수 1백 개 이상 + 매출액 1천억 원 이상	가맹점 수 1백 개 이상 + 커피사업 부문 매출액 500억 원 이상	가맹점 수 1천 개 이상 가맹본부 5개사 (상위 5사의 시장점유율(점포수 기준) 97%임
규제 이유	›› 가맹점 간 영업 지역 침해, 잦은 매장 리뉴얼 ›› 특정 제품 구입 강제, 허위 과장 정보 제공 ›› 부당한 계약 해지, 재계약 거절, 조항 변경	›› 가맹점 간 영업 지역 침해 ›› 매장리뉴얼 강요 ›› 불필요한 리뉴얼 절차	›› 광고판촉비 부담 강요 ›› 통신사, 카드사 등 카드 제휴 할인 등 비용도 부담	›› 가맹점 간 영업 지역 침해 (상위 5개 브랜드 매장 수 09년 748개→11년 2,069개) ›› 인테리어를 가맹본부의 수익 창출 수단으로 악용 ›› 원두 등 원부재료 공급 시 대금 정산 조기 요구	›› 가맹점 간 인근 중복 출점 (담배 소매인 지정 기준 50m 거리 제한 정도 유지) ›› 월 예상 매출, 평균 수익에 대한 과장 정보 제공 ›› 중도해지 시 과도한 수준의 위약금 부과
거리 제한	500m	800m	1500m	500m	도보거리 250m
충분한 정보 제공	분쟁 없음	분쟁 없음		분쟁 없음	›› 계약체결 7일 전까지 상권분석보고서 서면 교부(월 예상매출액 및 그 산출 근거를 반드시 포함) ›› 계약체결 14일 전 정보공개서 제공 및 시점 명확화

구분	제과제빵 (2012. 4. 10)	치킨업종 (2012. 7. 5)	피자업종 (2012. 7. 5)	커피업종 (2012. 11. 12)	편의점 (2012. 12. 14)
계약 해지 시 위약금 인하	분쟁 없음	분쟁 없음		분쟁 없음	›› 중도 계약해지 시 3개월의 예고 기간 부여하는 대신 위약금은 계약금의 10% 이내로 제한 - 단, 시설투자 관련 위약금은 현행과 같이 유지 ›› 완전가맹(5년계약)의 경우 최고 6개월 분, 위탁가맹(2년)의 경우 최고 2개월 분으로 인하 가능
거리 제한 예외	›› 기존 가맹점이 영업지역 내에서 폐점 후 재출점 또는 가맹점을 이전하는 경우 ›› 다음 3가지 사유 중 하나에 해당하면서 인근 가맹점이 동의하는 경우 - 3천 세대 아파트가 신규 건설 - 철길, 왕복 8차선 도로로 상권이 확연히 구분 - 기타 이에 준하는 사유	›› 동일 브랜드의 경우 좌측과 예외 사항 동일함 ›› 계열사 동종 브랜드의 경우 - 거리제한 따로 정하지는 않되, 인근 출점으로 기존 가맹점 매출이 30% 이상 하락하는 경우 가맹본부는 2년간 매출 하락분과 관련된 영업손실액의 50%를 보상	›› 기존 가맹점이 영업지역 내에서 폐점 후 재출점 또는 가맹점을 이전하는 경우 ›› 다음 4가지 사유 중 하나에 해당하면서 인근 가맹점이 동의하는 경우 - 5천 세대 아파트가 신규 건설 - 철길 등으로 상권이 확연히 구분 - 놀이공원 내 등 특수상권 출점 - 배달전문매장 인근에 내점 전문매장이 출점	›› 기존 가맹점이 영업지역 내에서 폐점 후 재출점 또는 가맹점을 이전하는 경우 ›› 다음 5가지 사유 중 하나에 해당하면서 인근 가맹점이 동의하는 경우 - 상업 지역으로 일 유동 인구가 2만 명 이상 - 주거지역, 3천 세대 이상 아파트가 신규 건설 - 철길, 왕복 8차선 도로로 상권 확연히 구분 - 대형쇼핑몰 등 특수상권 내 출점 - 기타 이에 준하는 사유	›› 기존 가맹점이 영업 지역 내에서 폐점 후 재출점 또는 가맹점을 이전하는 경우 ›› 다음 4가지 사유 중 하나에 해당하면서 인근 가맹점이 동의하는 경우 - 브랜드 변경(A→B)함에 따라 인근 가맹점(B)과 가까워진 경우 - 주거지역, 1천 세대 이상 아파트가 신규 건설 - 왕복 8차선 이상 도로 등 상권 확연히 구분 - 대학 내, 병원, 공원, 터미널 등 특수상권 내

자료: 공정거래위원회

정부의 유통 규제 내용을 숙지해둡시다.

유통산업은 소상공인과 자영업자의 참여가 많아 정부의 규제도 심한 편입니다. 시장원리보다는 국민 정서가 민감하게 반응하는 산업이라는 의미입니다. 간혹 면접에서 정부의 규제 조치들에 대한 간단한 이해도를 검증하거나 지원자의 의견을 물어보는 경우가 있으니 나름대로의 답변을 준비해둘 필요가 있습니다.

관련 자료 찾아보기 ⑧
검색 키워드, '유통산업발전법',
'공정거래위원회 업태별 모범거래기준'

이 책의 표에 정리된 내용 정도만 암기해둔다면 정부의 유통 규제 관련 질문에 충분히 대응할 수 있을 것입니다. 크게 '유통산업발전법'상의 규제와 '공정거래위원회 업태별 모범거래기준'이 적용되고 있으므로 이 두 규제 안을 중심으로 정리하기 바랍니다.

롯데쇼핑

04

경영 요소:
초일류 아시아 대표
글로벌 유통기업

앞서 공부한 바와 같이 롯데쇼핑은 국내 최대 유통기업답게 백화점, 할인점, 슈퍼마켓, 영화, 금융 등 여러 채널에서 사업을 영위하고 있습니다. 그에 걸맞게 크고 다양한 조직이 구성되어 활동하고 있지요. 롯데쇼핑을 깊이 이해하려면 회사를 이루고 있는 종속회사들은 어떤 것이 있으며, 이를 어떻게 효율적으로 운영하고 있는지 기업 구조를 분석해볼 필요가 있습니다.

01

다양한 채널을 가진 사업 구조

오프라인과 온라인을 총망라

롯데쇼핑은 국내 최대 유통기업답게 다양한 채널에서 사업을 영위하고 있다. 이미 공부한 바와 같이 오프라인 매장과 온라인쇼핑몰을 망라하는 유통 채널을 구축하고 있는데 백화점, 할인점, 슈퍼마켓, 시네마, 금융, 전문점, 홈쇼핑, 편의점이 그것이다.

백화점은 전통 백화점, 명품 백화점인 에비뉴엘, 영플라자, 아울렛, 프리미엄 아울렛, 프리미엄 온라인몰 '엘롯데'를 운영한다. 할인점은 전통 할인점인 롯데마트, 도매 할인점인 빅마켓, 롯데마트몰, 전문점으로 나뉘어 운영된다. 슈퍼마켓은 롯데슈퍼, 롯데My슈퍼, 롯데마켓999, e-Super로 구성되어 있다. 전문점은 롯데하이마트, 토이저러스, 펫가든을 운영 중이며, 홈쇼핑은 롯데홈쇼핑(사명은 우리홈쇼핑), 롯데아이몰이다. 편의점은 세븐일레븐, 바이더웨이를 운영하고 있다.

수많은 사업부를 거느린 조직구조

롯데쇼핑 임직원은 2014년 말 기준으로 3만 2,000명에 이르며, 회사가 수많은 사업부와 계열사를 거느리고 있어 조직도가 한 개의 표로 정리되어 있지 않다. 롯데쇼핑의 주요 사업부인 백화점(아울렛사업부 포함) 조직구조를 [Fig 77]에 참고로 옮겨보았다. 특이한 점은 아울렛사업부가 백화점사업부 내에서 하나의 부문으로 자리 잡고 있다는 것이다. 몇 년 전만 하더라도 매우 작은 조직에 불과했던 아울렛팀이 지금은 제법 큰 조직의 형태를 갖추고 있어 주목된다.

롯데쇼핑 조직구조 – 아울렛사업부 규모가 커지고 있어 주목됨

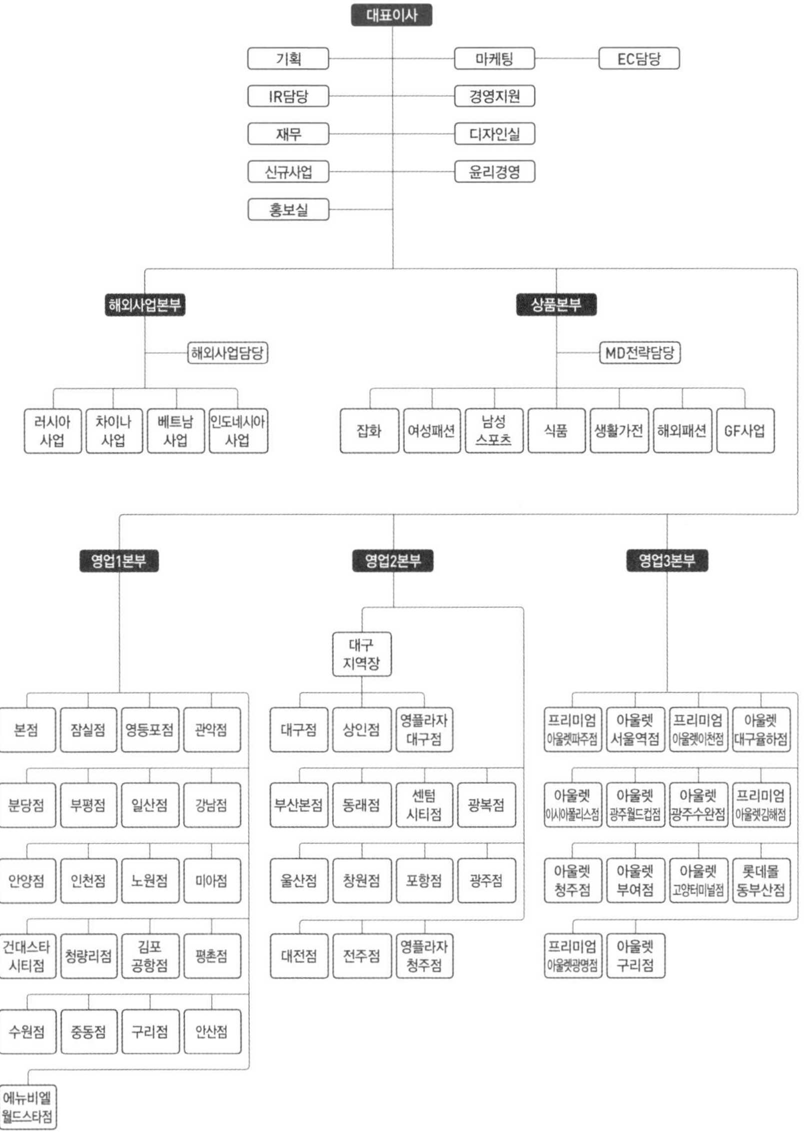

자료: 롯데쇼핑

 **기업의 직무구조에 담긴 본질을 이해합니다.**

먼저 본문에 설명되어 있는 롯데쇼핑의 자회사 현황과 조직구조에 대한 윤곽은 숙지해두기 바랍니다. 참고로 본 팁에서는 일반적인 접근법으로서 직무구조를 이해하는 요령을 말해보겠습니다.

대기업 직무는 보통 라인 직무와 스태프 직무로 구분됩니다. 라인은 생산에서 판매활동까지를 아우르는 직무로 생산관리, 공정관리, 품질관리 등의 경우 주로 이공계 분야 출신들을 선발하며, 영업은 전공과는 무관한 편입니다. 스태프 직무는 본사 내 사무실에서 근무하는 형태를 갖는데 기획, 인사, 총무, 재무회계, 구매, 법무, 홍보, 리스크관리 등으로 나뉩니다.

직무를 탐색할 때 요령은 사전적 의미로만 접근하지 말고 각 직무가 어떤 재능과 체질을 요구하는지를 이해하는 겁니다. 예컨대, 홍보 직무는 일반적으로 신문방송학과나 광고학과 출신으로서 의사소통 능력이나 문장력이 기본적으로 요구됩니다. 모두가 이렇게 생각하기 때문에 지원자들도 당연히 커뮤니케이션을 주제로 준비하게 됩니다. 물론 맞습니다. 기본은 갖춰야 하니까요.

하지만 막상 면접장에서 강한 인상을 심어주는 사람은 따로 있습니다. 어떤 사람일까요? 홍보 직무 성격상 '체질'을 우선시할 가능성이 높습니다. 면접장에서 큰 소리를 외치는 것이 체질이 아닙니다. 자소서 첫 페이지에서부터 체질은 감지될 수 있습니다. 이를 테면 특기란에 '둔감력', 주량에 대해서는 '무한대', 취미란에는 '5일간 4시간 자고 맑은 정신 유지하기'라고 써놓았다고 가정해봅시다. 기업의 홍보 파트에서 실제 진행되는 일을 보면 언론 기사 모니터링과 수많은 언론사 기자들과의 커뮤니케이션이 큰 비중을 차지합니다. 일의 구조가 이렇게 돌아간다면 과연 어떤 사람이 홍보팀에 잘 어울릴까요? 앞에서 언급한 자소서 항목에 기입한 내용을 다시 한 번 보겠습니다. 일단 면접관이 볼 때 홍보에 걸맞을 것 같은 느낌이 한눈에 들어온다는 겁니다. 둔감해서 둔감력이 아닙니다. 술 먹는 체질이어서 무한주량이 아닙니다. 원래 잠이 없어서 4시간만 자는 것이 아닙니다. 홍보 직무를 보는 눈이 있기 때문에 그런 표현을 쓸 수 있는 겁니다. 전혀 본인에게 해당하지 않는 내용을 그렇게 기입할 수는 없겠지만 남과 비슷한 조건이라면 무엇에서 차별화할 수 있어야 하는지를 간파해야 합니다.

02

SWOT 분석으로 본
롯데쇼핑

롯데쇼핑에 대해 다음과 같은 SWOT 분석을 해보았다. 롯데쇼핑의 강점은 국내외 유통사업 포트폴리오를 골고루 갖춤으로써 업태별로 시너지를 극대화할 수 있다는 점이다. 반면 약점이라면 다양한 사업을 동시에 운영함으로써 때로는 효율성 저하를 초래하기도 한다는 점이다.

한편 롯데쇼핑은 해외 진출 및 신업태 발굴을 통해 내수 시장 성장의 한계를 딛고 신성장 동력을 확보하기 위한 노력도 게을리하지 않고 있다. 하지만 소비 경기가 부진함을 이어가고 있는 상황에서 내수 경기에의 의존도가 높은 롯데쇼핑의 사업이 순탄하게 흘러가기는 쉽지 않아 이를 위기로 받아들이고 해결할 전략이 필요한 시점이다.

롯데쇼핑의 SWOT 분석

강점(Strengths)	약점(Weaknesses)
- 다양한 유통 채널(백화점, 아울렛, 할인점, 슈퍼, 편의점, 홈쇼핑 등)을 아우르는 사업 포트폴리오 구성으로 사업 간 시너지 극대화 - 유통 채널별 규모의 경제를 갖춤으로써 안정적인 현금 흐름 창출 - 유통 이외에 금융, 가전, 패션 등 사업 확장으로 추가적인 시너지 창출	- 다양한 사업 포트폴리오가 효율성 저하를 야기하기도 함 - 해외 진출로 인한 성과는 오랜 시간이 소요, 최근 몇 년 동안 해외 사업은 여전히 적자 시현 중 - 수많은 계열사 보유 및 지배구조의 복잡성은 내부 효율성을 떨어뜨릴 수 있음
기회(Opportunities)	위협(Threats)
- 유통업종 내 각종 신업태 발굴 및 투자로 소비트렌드 변화에 대응 - 해외 진출로 인한 신성장동력 확보 - 가치소비 확산에 따른 아울렛 수요 증대는 동사에 새로운 기회요인으로 작용할 수도	- 이익의 절반 이상을 차지하는 백화점이 경기 및 소비트렌드 변화에 따라 매출 부진 - 아울렛 저마진 수익구조 및 일부 점포 비효율 개선해야 하는 과제 - 해외 사업 실적 개선을 위한 획기적인 노력이 필요

자료: 이마트, 저자 추정

멘토의 *Tip* ⑬   사업 진단과 전략 설정 중요성 탐색하기

SWOT 분석 툴을 통해 사업 환경 진단과 핵심 전략 설정의 중요성을 탐색합시다.

SWOT 분석은 기업분석을 위한 첫 단계로 해볼 수 있는 접근법입니다. 하지만 SWOT는 기업의 경영 환경과 경쟁 수준을 하나의 테이블로 알기 쉽게 표시해서 마케팅 전략을 탐색하기 위한 것이지, 도표 자체가 메시지를 직접 담고 있는 것은 아닙니다. 이런 표를 제대로 활용하는 법을 모르면 면접 때 도식적인 얘기만 하다 끝나는 경우가 허다합니다. 활용 포인트를 하나 말씀드리면 SWOT 도표를 정리했다면 그것을 바탕으로 수많은 질문을 던져보는 것입니다. 예컨대, SWOT의 4가지 요인을 2개씩 묶어서 각각의 전략을 생각해보고 실천 방법을 모색해보는 것입니다. 만일 'SO'라면 강점과 기회를 함께 살리는 것이므로 공격적인 전략이 될 것입니다. 롯데쇼핑에는 어떤 사업 파트가 SO에 해당할지 생각해보는 식입니다. 'ST'라면 강점을 가지되 위협을 최소화하는 전략입니다. 대형마트가 해당된다면 영업의 강점은 살리되 정부 규제와 같은 리스크를 최소화하는 전략은 무엇일까 하는 식입니다. 'WO'라면 약점을 보완하면서 시장기회를 적극 살리는 전략입니다. 전략적 제휴나 상품 차별화 같은 방법이 여기에 해당할 것입니다. 그리고 'WT'라면 약점은 보완하면서 위협도 최소화하는 전략입니다. 원가 절감이나 사업 보류 내지 철수 같은 전략일 것입니다. 중국 시장에 진출해 있는 마트 영업의 경우 이것을 WT 영역에서 접근해야 할지 아니면 SO 영역에서 접근해야 할지 각자 고민해보기 바랍니다. SWOT 분석은 사업 환경을 제대로 진단하고 기업의 핵심 전략을 설정하기 위한 것입니다. 따라서 가벼운 마음으로 살펴보면서 경영 전략의 본질을 파악하는 자세를 만들어보기 바랍니다.

관련 자료 찾아보기 ❾
검색 키워드, 'SWOT 분석'

'SWOT 분석'을 키워드로 다양한 자료와 사례들을 찾아보기 바랍니다. 유통산업 외에도 다양한 산업 영역의 사례를 참고하다 보면 SWOT 분석을 통해 어떤 메시지를 얻어서 이를 자소서에 어떻게 활용할 수 있겠구나 하는 생각이 들 겁니다. 완벽해야겠다는 고정관념을 버려야 합니다. 완성도가 많이 떨어지더라도 전문가들의 툴을 아마추어 입장에서 그냥 따라 해본다는 자세가 필요합니다. 그렇게 반복적으로 하다 보면 시각도 생겨나고 어떤 주제에 대해 자신만의 의견을 피력할 수 있는 능력이 배양되는 것입니다.

03

숫자로 보는
롯데쇼핑의 구조

크게 5개의 사업부로 구분되는 실적

롯데쇼핑은 2014년 말 기준으로 백화점 31개점, 아울렛 14개점, 할인점 114개점, 슈퍼마켓 442개점, 영화관 75개관을 보유하고 있다.

롯데쇼핑은 연결 기준으로 크게 5개의 사업부를 구분하여 실적을 공시하고 있다. 백화점사업부는 국내 백화점(아울렛도 백화점사업부에 포함) 49개점, 해외 8개점을 운영하고 있으며 할인점사업부는 국내 114개점, 해외 151개점을 운영하고 있다. 사업부별, 종속회사별 주요 영업용 자산 현황을 보면 2014년 롯데쇼핑의 토지와 건물 합산가치는 장부가 기준으로 12조 1,700억 원에 이른다.

롯데쇼핑의 2014년 연결매출액(공시되는 재무제표는 순매출액 기준임에 유의)은 약 28조 원에 이른다. 이를 사업 부문별로 구분해보면 백화점

롯데쇼핑 국내 점포 출점 내역 – 이마트 슈퍼사업도 성장 중임에 주목

구분	1979	1991	1998	2003	2007	2008	2009	2010	2011	2012	2014
국내											
백화점											
직영	1	2	6	17	21	22	23	23	24	29	31
위탁	-	1	1	3	3	3	3	6	6	2	2
영플라자	-	-	-	1	3	3	3	3	2	2	2
아울렛	-	-	-	-	-	2	3	4	6	7	14
할인점	-	-	2	32	56	63	69	90	95	103	114
해외											
백화점											
러시아	-	-	-	-	1	1	1	1	1	1	1
중국	-	-	-	-	-	1	1	1	2	3	5
베트남	-	-	-	-	-	-	-	-	-	-	1
인도네시아	-	-	-	-	-	-	-	-	-	-	1
할인점											
중국	-	-	-	-	8	8	79	82	94	102	103
베트남	-	-	-	-	-	1	1	2	2	4	10
인도네시아	-	-	-	-	-	19	19	22	28	31	38

자료: 롯데쇼핑

롯데쇼핑 총매출액 및 성장률

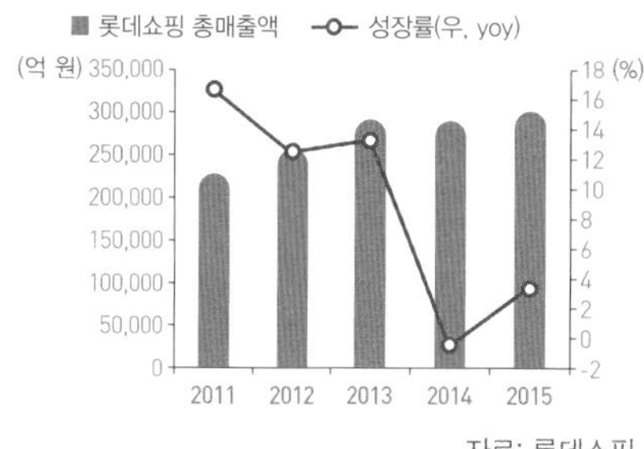

자료: 롯데쇼핑

롯데쇼핑 영업이익 및 이익률

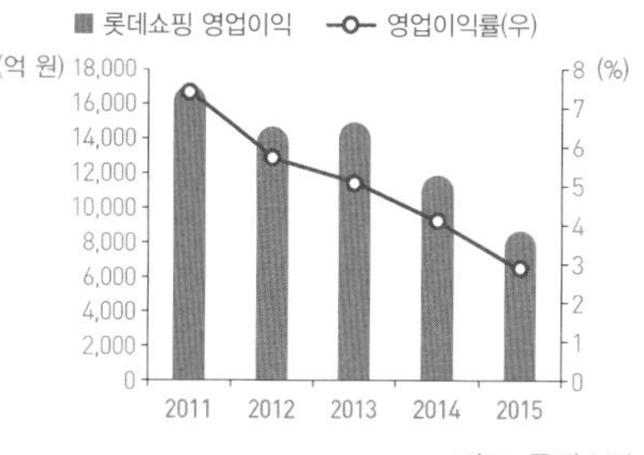

자료: 롯데쇼핑

29%, 할인점 29%, 금융 6%, 하이마트 13%, 기타(편의점, 홈쇼핑, 슈퍼) 23%로 구성된다. 롯데쇼핑의 대표 사업이 백화점임에도 할인점 매출 비중이 비슷한 수준으로 높은 이유는 해외 할인점이 포함되어 있기 때문이다. 할인점 대비 백화점사업의 이익률이 높고, 해외 유통사업은 아직 적자를 기록하고 있는 까닭에 동사의 영업이익에서 가장 큰 비중을 차지하고 있는 사업부는 여전히 백화점사업부다. 2014년 백화점의 영업이익 비중은 51%, 할인점은 6%, 금융 17%, 하이마트 12%, 기타(편의점, 홈쇼핑, 슈퍼) 14%에 이른다.

롯데쇼핑 사업부별 주요 영업용 설비 현황 – 국내외 백화점과 할인점 다수 보유(국내 최대 규모)

(단위: 억 원)

구분	회사명	점포 수	장부가액		
			토지	건물	합계
백화점	롯데쇼핑 백화점 사업부	국내 49개점(백화점 35, 아울렛 14)	42,234	27,648	66,012
		해외 8개점 (톈진 2, 청두 1, 웨이하이 1, 선양 1, 모스크바 1, 자카르타 1, 하노이 1)			임차
할인점	롯데쇼핑 할인점 사업부	국내 114개점	22,235	14,490	15,185
		해외 151개점(베트남 10, 베이징 12, 칭다오 6, 심양 8, 상하이 72, 충칭 5, 인니 38)	1,411	3,640	5,051
금융	롯데카드	서울 중구 남창동 외 149개점(CRM센터, 영업점 등)			임차
전자제품전문점	롯데하이마트	436개점, 11개 물류센터	2,006	1,341	3,347
기타 사업부	슈퍼	400개점	1,437	517	1,954
	CS유통	35개점	542	319	861
	시네마	130개점(국내 103개관, 해외 27개관)	259	1,446	1,272
	우리홈쇼핑	서울 영등포구 양평동		315	315
	코리아세븐	소유점포 11개점	101	8	109
	바이더웨이	소유점포 5개점	12	9	21
	롯데송도쇼핑타운	인천 연수구 송도동	1,059	738	1,798
합계			71,296	50,470	121,766

자료: 롯데쇼핑

롯데쇼핑 주요 사업 세부 사항(연결 기준) – 주력 사업 매출 부진, 해외 할인점 영업적자 중

(단위: 억 원, %)

사업 부문	구분	2012년		2013년		2014년	
		금액	비중	금액	비중	금액	비중
백화점	매출액	8,245,900	32.9	8,172,110	29.0	8,043,745	28.6
	영업이익	746,267	50.9	698,694	47.0	602,558	50.7
	총자산	15,077,912	40.9	15,667,182	40.2	16,794,731	41.9
할인점	매출액	8,954,593	35.8	8,836,455	31.3	8,208,956	29.2
	영업이익	319,564	21.8	220,431	14.8	67,075	5.6
	총자산	10,970,095	29.8	11,008,450	28.2	10,412,802	26.0
금융 사업	매출액	1,672,961	6.7	1,694,060	6.0	1,760,811	6.3
	영업이익	219,288	14.9	200,749	13.5	202,636	17.1
	총자산	8,087,110	21.9	8,537,358	21.9	8,575,013	21.4
하이 마트	매출액	604,662	2.4	3,519,060	12.5	3,754,295	13.4
	영업이익	32,942	2.2	184,804	12.4	144,391	12.2
	총자산	2,603,494	7.1	2,755,424	7.1	2,774,637	6.9
기타	매출액	5,565,564	22.2	5,990,017	21.2	6,331,760	22.5
	영업이익	149,407	10.2	180,583	12.3	171,719	14.4
	총자산	118,434	0.3	1,004,152	2.6	1,515,143	3.8
합계	매출액	25,043,680	100.0	28,211,702	100.0	28,099,567	100.0
	영업이익	1,467,468	100.0	1,485,261	100.0	1,188,379	100.0
	총자산	36,857,045	100.0	38,972,566	100.0	40,072,326	100.0

자료: 롯데쇼핑

연결종속회사와 롯데쇼핑의 매출 현황

롯데쇼핑의 연결종속회사는 국내 20개, 해외 36개로 총 56개이다. 롯데카드, 우리홈쇼핑(롯데홈쇼핑), 코리아세븐(세븐일레븐), 바이더웨이, 롯데하이마트가 사업부별 실적 공시에 대표적으로 나오는 종속회사들이다.

한편, 롯데쇼핑을 얘기하면 가장 먼저 롯데백화점이 떠오를 것이다.

그중에서도 특히 롯데백화점 소공동 본점(서울 명동)을 꼽을 수 있겠다. 그런데 롯데백화점 본점을 떠올리면 백화점 상층부에 함께 자리 잡고 있는 롯데면세점이 생각나지 않을 수가 없는데, 이 때문에 많은 사람들이 롯데쇼핑이 면세점사업도 하는 것으로 오해하기도 한다. 하지만 롯데면세점은 롯데쇼핑이 아닌, 롯데쇼핑의 지분을 보유한 모회사 격

Fig 84

롯데쇼핑 연결종속회사 현황 – 국내 종속회사는 20개

(단위: 억 원)

기업명	주요 사업	지분율(%)			순자산	매출액	순이익
		롯데쇼핑	종속회사	합계			
국내							
롯데카드	여신전문업 외	93.8	-	93.8	192	161	15
이비카드	대금결제서비스업	-	95.0	95.0	5	8	-1
경기스마트카드	대금결제서비스업	-	100.0	100.0	0	0	0
인천스마트카드	대금결제서비스업	-	100.0	100.0	0	0	0
충남스마트카드	대금결제서비스업	-	100.0	100.0	0	0	0
슈프림제4차유동화전문회사	유동화전문회사	-	0.9	0.9	0	0	0
슈프림제5차유동화전문회사	유동화전문회사	-	0.9	0.9	0	0	0
슈프림제6차유동화전문회사	유동화전문회사	-	0.9	0.9	0	0	0
슈프림제7차유동화전문회사	유동화전문회사	-	0.9	0.9	0	0	0
우리홈쇼핑	TV 홈쇼핑	53.0	-	53.0	64	87	8
코리아세븐	유통	51.1	-	51.1	27	238	2
바이더웨이	유통	-	100.0	100.0	16	31	0
엔씨에프	의류제조 및 판매업	98.3	-	98.3	0	0	0
롯데김해개발	건물관리용역	100.0	-	100.0	0	0	0
롯데수원역쇼핑타운	부동산개발	95.0	-	95.0	10	1	0
롯데송도쇼핑타운	부동산개발	56.3	-	56.3	10	0	0
씨에스유통	유통	100.0	-	100.0	9	43	1
롯데하이마트	가전제품 소매업	65.3	-	65.3	0	0	0
롯데인천타운	부동산임대	100.0	-	100.0	0	0	0
롯데백화점마산	유통	100.0	-	100.0	0	0	0

자료: 롯데쇼핑

롯데쇼핑 연결종속회사 현황 – 해외 7개국에 36개 종속회사 보유

(단위: 억 원)

기업명	소재지	주요 사업	지분율(%)			순자산	매출액	순이익
			롯데쇼핑	종속회사	합계			
해외								
Lotte DatViet Homeshopping	베트남	TV 홈쇼핑	-	85.6	85.6	0	0	0
LOTTE VIETNAM SHOPPING	베트남	유통	100.0	-	100.0	7	14	-1
Lottemart Danang Co., Ltd.	베트남	유통	-	100.0	100.0	0	0	0
Lotte Shopping Plaza Vietnam	베트남	유통	-	100.0	100.0	0	0	0
Hai Thanh - Kotobuki Joint Venture Company	베트남	호텔업	-	70.0	70.0	0	0	0
LOTTE CINEMA VIETNAM CO.	베트남	영화 상영업	90.0	-	90.0	0	0	0
LOTTE SHOPPING HOLDINGS (SINGAPORE) PTE. LTD.	싱가포르	지주회사	100.0	-	100.0	0	0	0
Lotte Shopping Reit Management Singapore	싱가포르	부동산임대	100.0	-	100.0	0	0	0
LOTTE HOTEL & RETAIL VIETNAM PTE. LTD.	싱가포르	지주회사	20.0	40.0	60.0	0	0	0
Lotte Shopping India	인도	유통	-	100.0	100.0	0	0	0
LOTTEMART C&C INDIA	인도	유통	-	100.0	100.0	0	0	0
PT. Lotte Members Indonesia	인니	사업지원서비스	-	100.0	100.0	0	0	0
PT. LOTTE SHOPPING INDONESIA	인니	유통	55.0	25.0	80.0	11	77	1
PT. LOTTE MART INDONESIA	인니	유통	-	100.0	100.0	2	24	-1
PT. LOTTE Shopping Avenue Indonesia	인니	유통	-	100.0	100.0	0	0	0
Lotte Members China	중국	사업지원서비스	-	100.0	100.0	0	0	0
LOTTE MART COMPANY	중국	유통	100.0	-	100.0	0	35	-2
Lotte (China) Management	중국	관리회사	70.0	-	70.0	0	0	0
Qingdao LOTTE Mart Commercial	중국	유통	53.8	46.2	100.0	-9	5	-4
Liaoning LOTTE Mart Co., Ltd.	중국	유통	40.0	60.0	100.0	0	0	0
Lotte Mart China Co., Ltd. 외 42개사	중국	유통, 부동산개발	-	100.0	100.0	2	85	-14
Jilin LOTTE Mart Co., Ltd.	중국	유통	-	100.0	100.0	0	0	0
Lotte Mart (Chongqing) Commercial	중국	유통	-	100.0	100.0	0	0	0

회사명	국가	사업						
Lotte Business Mgt. (Tianjin)	중국	유통	-	100.0	100.0	0	0	0
Lotte Department Store (Shenyang)	중국	유통	-	100.0	100.0	0	0	0
Lotte International Department Store (Weihai)	중국	유통	-	100.0	100.0	0	0	0
LOTTE DEPARTMENT STORE (TIANJIN)	중국	유통	-	100.0	100.0	0	0	0
Lotte Department Store (Chengdu)	중국	유통	-	100.0	100.0	0	0	0
LOTTE MART (CHENGDU)	중국	유통	-	100.0	100.0	0	0	0
Lucky Pai Ltd. 외 11개사	중국	TV 홈쇼핑	-	100.0	100.0	0	0	0
Lotte Properties (Chengdu)	중국	부동산임대	-	100.0	100.0	40		0
LHSC Limited	케이만 군도	지주회사	16.0	75.1	91.1	0	0	0
Lotte Shopping Holdings (HK)	홍콩	지주회사	100.0	-	100.0	74	0	-34
Lotte Shopping Business Management (Hong Kong)	홍콩	SPC	-	100.0	100.0	0	0	0
LOTTE PROPERTIES (CHENGDU)	홍콩	지주회사	73.5	-	73.5	21	0	-1
Kotobuki Holding (HK) Ltd.	홍콩	지주회사	-	100.0	100.0	0	0	0

자료: 롯데쇼핑

인 롯데호텔이 운영하고 있는 사업이라는 점에 유의하자.

지분을 50% 이하 보유하거나 경영에 중대한 영향력을 행사하지 않는 회사의 경우 관계기업이나 공동지배기업으로 분류되는데, 롯데쇼핑은 이러한 회사도 34개 보유하고 있다. 이들 기업 중 눈에 띄는 회사는 FRL 코리아(유니클로)와 자라리테일코리아(ZARA)이다. 이들은 국내 SPA 패션 시장 성장을 주도하며 높은 성장세를 지속하고 있어 고무적이다. 초기 에는 유니클로와 자라가 롯데쇼핑과 지분 관계를 맺은 사업이기 때문 에 롯데의 유통 채널을 위주로 입점했었으나, 입점과 관련된 계약 기간 이 완료된 이후에는 다양한 유통사의 채널로 진출을 확장하였다.

관계기업 및 공동지배기업 – 종속회사 외에 관계기업 및 공동지배기업도 34개사 보유

(단위: 억 원)

기업명	주요 영업활동	BV	지분율 (%)	2014 매출액	2014 순이익	2014 지분법
관계기업		12,446		50,244	-1,257	513
롯데역사	유통	1,398	25.0	6,517	455	123
대홍기획	광고대행	1,161	34.0	3,280	-191	54
롯데닷컴	유통	79	34.4	0	0	0
롯데캐피탈	여신전문업	1,251	22.4	6,322	738	167
롯데리아	가공식품	2,157	38.7	11,329	-189	105
FRL코리아	의류수입·판매 (유니클로)	894	49.0	10,356	1,272	580
레이크파크	부동산개발	0	0.0	0	0	0
롯데자산개발	부동산개발	464	39.1	1,564	-141	-78
자라리테일코리아	의류수입·판매 (자라)	204	20.0	0	0	0
롯데부여리조트	부동산개발	117	22.2	0	0	0
롯데자이언츠	운동레저사업	50	30.0	0	0	0
레이크파크자산관리	부동산개발	0	0.0	0	0	0
Lotte Europe Holdings B.V.	지주회사	971	34.3	1,361	-2,712	-819
Coralis S.A.	지주회사	467	45.0	57	-122	-59
블리스	식품제조	0	0.0	0	0	0
엠벤처문화활성화투자조합	영화제작·투자	26	25.0	0	0	0
캐피탈원다양성영화전문투자조합	영화제작·투자	8	20.0	0	0	0
캐피탈원중저예산영화전문투자조합	영화제작·투자	35	25.0	0	0	0
소빅영상투자조합	영화제작·투자	45	26.7	0	0	0
Hubei XL Cinema Co., Ltd.	영화상영	62	49.0	0	0	0
CJ창투14호문화콘텐츠투자조합	영화제작·투자	56	30.0	0	0	0
Lotte Capital Indonesia	여신전문업	28	25.0	0	0	0
Hemisphere Film Investors II LLC	영화투자	251	100.0	0	0	0
Shandong Longzhile Cinema Co., Ltd.	영화상영	16	49.0	0	0	0
리딩아시아문화산업투자조합펀드	영화제작·투자	40	21.0	0	0	0
롯데피에스넷	전자금융서비스	123	30.6	0	0	0
롯데상사	상품종합 중개업	1,347	27.7	9,459	-366	549
공동지배기업		263		2,162	-101	8
Intime Lotte Department Store Co., Ltd.	유통	13	50.0	0	0	0
디시네마오브코리아	디지털영사시스템	0	50.0	228	5	0
Shenyang SL Cinema Investment Mgt.	영화상영	42	49.0	13	1	0

한국에스티엘	의류수입·판매	9	49.0	99	-14	-7
Chongqing Yujia Co., Ltd.	TV홈쇼핑	99	49.0	579	-123	0
Yunnan Maile TV Shopping Media	TV홈쇼핑	0	49.0	293	6	3
Shandong Luckypai TV Shopping	TV홈쇼핑	99	49.0	950	25	12
총계		12,709		52,406	-1,357	522

자료: 롯데쇼핑

연결종속회사가 많은 롯데쇼핑은 각 법인별로 다수의 계약 사항을 맺고 있다. 특이한 점은 롯데역사는 롯데백화점 영등포점으로, 별도의 법인이 운영하는 위탁점포라는 점이다. 또한 동사의 편의점사업부인 세븐일레븐은 미국 본사에 로열티를 지급하고 있다.

Fig 87

롯데쇼핑 경영상의 주요 계약 – 다양한 사업을 운영하는 만큼 계열사 또는 거래 상대와 경영상 계약이 많은 편

계약 주체	계약 상대방	계약	계약 내용
롯데역사	롯데쇼핑	경영관리계약	백화점 운영에 따른 영업이익(감가상각비 차감전)의 100분의 10을 경영관리수수료로 지급
롯데하이마트	삼성, LG 등 10개사 대홍기획, 현대카드 등	상품 거래 관련 계약 광고 및 판촉 관련 계약	상품 단가, 납품, 반품, 지불 등에 관한 계약 광고대행, 업무제휴 계약
롯데카드	Visa 등 4개사	카드발급계약	각 카드와 관련하여 발생하는 카드사용액 등에 대한 일정 수수료 지급
우리홈쇼핑	비씨카드, 대한통운, MSO 등	각각 업무제휴 및 제휴카드 발행계약, 물류대행계약, 방송프로그램 공급계약	
코리아세븐	7-Eleven(미국법인)	상표, 운영기술도입 계약	판매와 관련된 순매출의 0.6%를 기술사용료로 지급
바이더웨이	스포츠토토	지급보증 계약	납품 물품금액에 대한 지급 보증 계약
CS유통	롯데쇼핑	경영관리계약	슈퍼 운영에 따른 영업이익(감가상각비 차감전)의 100분의 10을 경영관리수수료로 지급
엔씨에프	일본 NICE CLAUP Co.	상표사용 로열티 지급 약정	판매와 관련된 순매출의 2.2%, 제조와 관련된 순매출의 0.3% 수수료 지급

자료: 롯데쇼핑

주력 사업의 부진으로 인한 주가 정체

2006년 처음 롯데쇼핑이 상장할 당시 공모가는 40만 원이었으나, 이후 2011년에 해당 주가를 넘어선 뒤로는 다시 그 주가에 도달하지 못하고 있다. 주력 사업인 백화점과 할인점 실적이 부진하다는 점이 주가 상승의 발목을 붙잡는 요인이다. 이에 더해 신성장동력으로 추진 중인 여러 사업 중 해외 사업이 몇 년째 큰 적자를 내는 바람에 부진한 실적에 더욱 부채질을 하고 있는 실정이다. 주가가 실적을 반영 또는 선행하는 지표라면, 롯데쇼핑의 주가는 주력 사업부와 신성장 사업에서 실적이 턴어라운드 될 조짐이 보이는 시점부터 다시 의미 있는 반등을 할 수 있을 것이란 전망이다.

롯데쇼핑 시가총액 추이 − 과거 해외 진출, 하이마트 인수가 주가 상승의 모멘텀을 제공했었으나 이후 국내외 실적 부진으로 주가는 오랫동안 공모가를 밑돌고 있는 상황

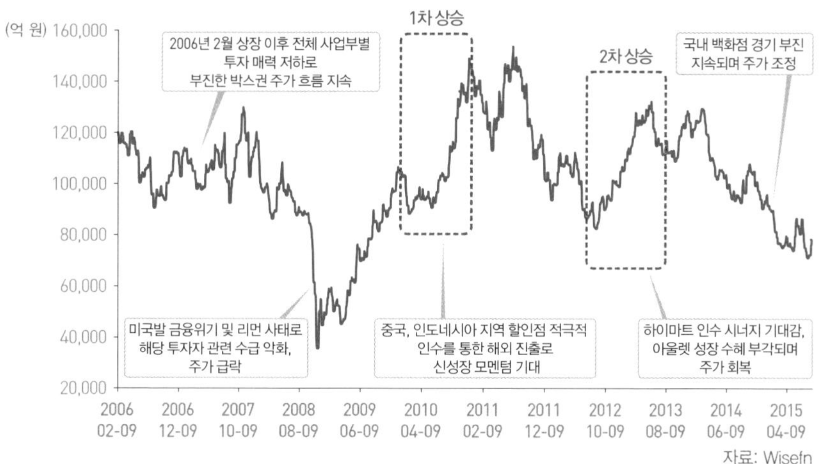

국내 동종 업계 주가수익비율·주당순이익(PER–EPS growth) 비교 – 최근 순이익 역신장으로 밸류
에이션 매력은 상대적으로 떨어져 보임

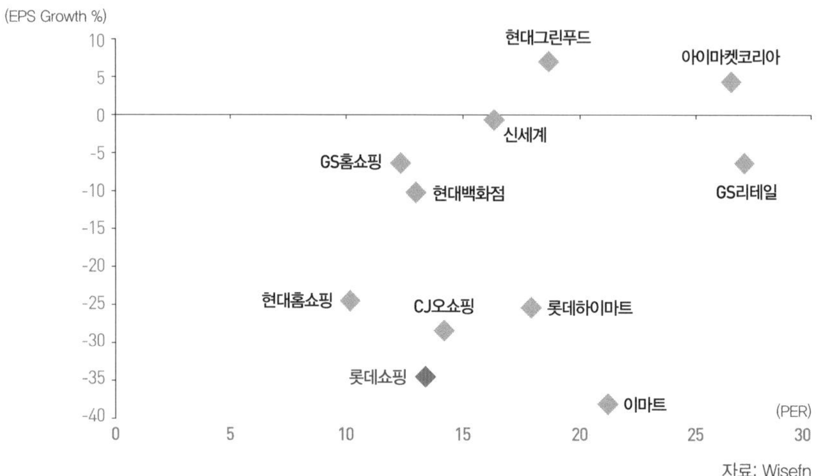

해외 동종 업계 PER–EPS growth 비교 – 글로벌 기업 대비 실적 부진 폭이 큰 것으로 보임

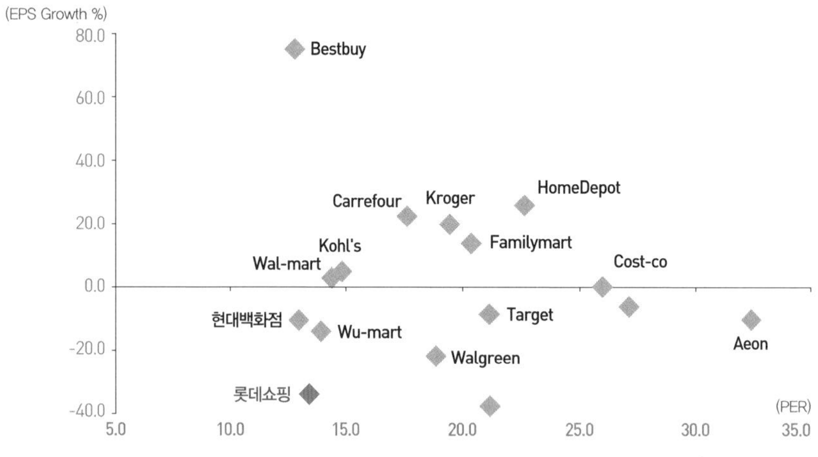

 **기본적인 데이터는 숙지해둡시다.**

면접 질문 중에는 수치와 관련된 것들이 의외로 많습니다. 대개는 지원자의 의견을 물어보는 것이지만 도중에 단답식 형태로 수치에 대한 이해도를 점검하는 경우입니다. 일반적인 내용이 아닌 경우는 잘 모를 수 있다고 치더라도 기본적인 데이터에 무지한 느낌을 줘서는 좋은 결과를 기대하기 어렵습니다. 예컨대, "롯데쇼핑에는 몇 개의 백화점과 할인점이 있는지 혹시 아십니까?"라는 질문 정도는 언제라도 나올 수 있다는 의미입니다. 따라서 본문에 설명되어 있는 기본적인 데이터 정도는 반복해서 확인해두기 바랍니다.

 **롯데쇼핑의 기본적인 사업 현황을 정리해봅시다.**

본문의 내용을 중심으로 롯데쇼핑의 기본적인 사업 현황을 정리해 보겠습니다. 1)총매출은 약 28조 원 수준입니다. 2)매출 구성으로 보면 백화점 29%, 할인점 29%로 두 부문의 비중이 가장 큽니다. 다만 영업이익률 측면에서 백화점의 기여도가 아직은 가장 높습니다. 3)종속회사로는 롯데홈쇼핑, 세븐일레븐, 바이더웨이, 롯데하이마트 등 국내외 56개를 보유하고 있습니다. 4)롯데면세점은 롯데쇼핑이 아닌 롯데호텔 소속입니다. 5)공동지배기업으로 SPA패션기업인 유니클로와 자라 등이 있습니다. 6)2006년 상장 당시 공모가가 40만 원이었는데 아직도 백화점,

할인점 업황 부진, 해외 사업 적자 등의 요인으로 그 가격을 돌파하지 못하고 있는 상황입니다. 이 밖에도 여러 현황들이 존재할 수 있으므로 각자 나름대로 정리해보기 바랍니다.

유통산업은 거시경제 영향을 많이 받기 때문에 국내외 거시경제 변수들에 대한 이해도를 갖출 필요가 있습니다.

비즈니스 세계에서 매크로 변수라고 하면 거시경제 변수를 말합니다. 환율, 국제 유가, 금리, 경제성장률, 무역 규모 등과 같이 경제의 현 위치를 알려주는 바로미터 역할을 하는 것들입니다.

환율은 원·달러, 원·엔, 원·유로 환율 정도만 챙겨도 충분합니다. 국제 유가는 미국 서부텍사스, 아랍에미레이트 두바이, 영국 북해(브렌트) 등 세 산지 가격이 존재하는데, 우리나라는 주로 미국 서부텍사스(WTI)산 원유 수입 비중이 높아 이것을 기준으로 삼고 있습니다. 금리는 중앙은행의 정책금리를 의미합니다. 국내는 물론 미국, 일본, EU 정도는 확인해두기 바랍니다. 경제성장률은 GDP성장률이라고도 합니다. 우리나라는 저금리-저성장의 기조에서 장기간 벗어나지 못하고 있어 많은 경영자가 이 성장률에 높은 관심을 가지고 있는 상황입니다.

이와는 별도로 유통업 지원자라면 국내 유통시장 규모나 유통채널별 점포 현황 정도는 당연히 알고 있어야 할 겁니다.

롯데쇼핑

롯데쇼핑

문화:
성공 DNA를 가진
시장의 리더 롯데人

롯데쇼핑은 1970년 7월 2일 구 협우실업이 모태이며 롯데그룹이 식품(제과) 다음 사업으로 시작한 유통회사입니다. 따라서 연결종속회사를 다수 보유하고 있고 사업부별, 종속회사별로 오랜 역사를 자랑하고 있습니다. 이렇듯 오랫동안 유통대기업으로 꾸준히 성장해온 데는 기업문화가 매우 중요한 역할을 했을 겁니다. 유통의 선두 자리를 유지하는 롯데쇼핑의 내부를 살펴보겠습니다.

01

롯데쇼핑이 걸어온
유통 강자의 길

직진출과 M&A를 통한 외형 성장

롯데쇼핑은 2006년 2월 8일 영국의 런던증권거래소에 상장하였고, 다음 날인 2006년 2월 9일 한국 유가증권시장에 상장한 유통회사다. 롯데쇼핑은 연결대상 종속회사를 다수 보유하고 있어 사업부별, 종속회사별로 오랜 역사를 자랑한다.

먼저 1호 백화점인 명동 본점은 1979년, 할인점 1호인 롯데마트 강변점은 1998년에 각각 개점하였다. 해외 백화점 1호는 러시아 모스크바점으로 2007년에 오픈, 업계 최초의 해외 진출 백화점이었다. 이후 2008년부터 중국, 인도네시아의 할인점포 다수를 인수하기 시작했으며 베트남은 현지 직진출하였다. 기타 사업부의 경우 슈퍼마켓(SSM)사업은 2004년 한화유통 체인사업 부문을, 홈쇼핑사업은 2007년 우리홈쇼핑을, 편의점사업은 1994년 코리아세븐 인수를 통해 해당 사업에 첫 진출하였다. 이후 롯데하이마트를 인수하는 등 국내외 유통사업 확장을 위해 신업태로의 직접 진출뿐 아니라 M&A도 활발하게 진행하고 있어 이로 인한 외형 성장은 당분간 지속될 것으로 예상된다.

Fig 91

롯데쇼핑이 걸어온 길

연도	내용
1970년 7월	협우실업㈜ 설립(롯데쇼핑 모태)
1975년 12월	롯데미도파 기업공개
1979년 11월	협우실업㈜에서 롯데쇼핑㈜으로 상호변경
1994년 8월	㈜코리아세븐 인수(백화점 CVS 사업부)
1998년	롯데쇼핑 할인점 강변점 1호점 오픈
1999년 10월	롯데쇼핑 시네마 일산 사업장 오픈
2000년 9월	롯데브랑제리 설립
2002년	롯데미도파 그룹 계열사 편입, 롯데카드 주식회사 설립
2003년 11월	롯데카드 출시
2006년 2월	롯데쇼핑 유가증권시장 상장
2007년	우리홈쇼핑 인수(롯데홈쇼핑으로 채널명 변경)
2008년	중국 및 인도네시아 Makro 인수(총 마트 27개점), 롯데쇼핑 베트남 1호 남사이공점 개점
2009년 12월	중국 Times 인수(마트 57개점, 슈퍼 11개점)
2010년	바이더웨이·코리아세븐 합병, 이비카드 인수, GS로부터 백화점 및 할인점사업 부문 인수
2012년 12월	롯데하이마트, 롯데쇼핑 종속회사에 편입

자료: 롯데쇼핑

롯데쇼핑 성장 스토리 – 대한민국을 넘어 새롭게 열어가는 세계 유통산업의 역사

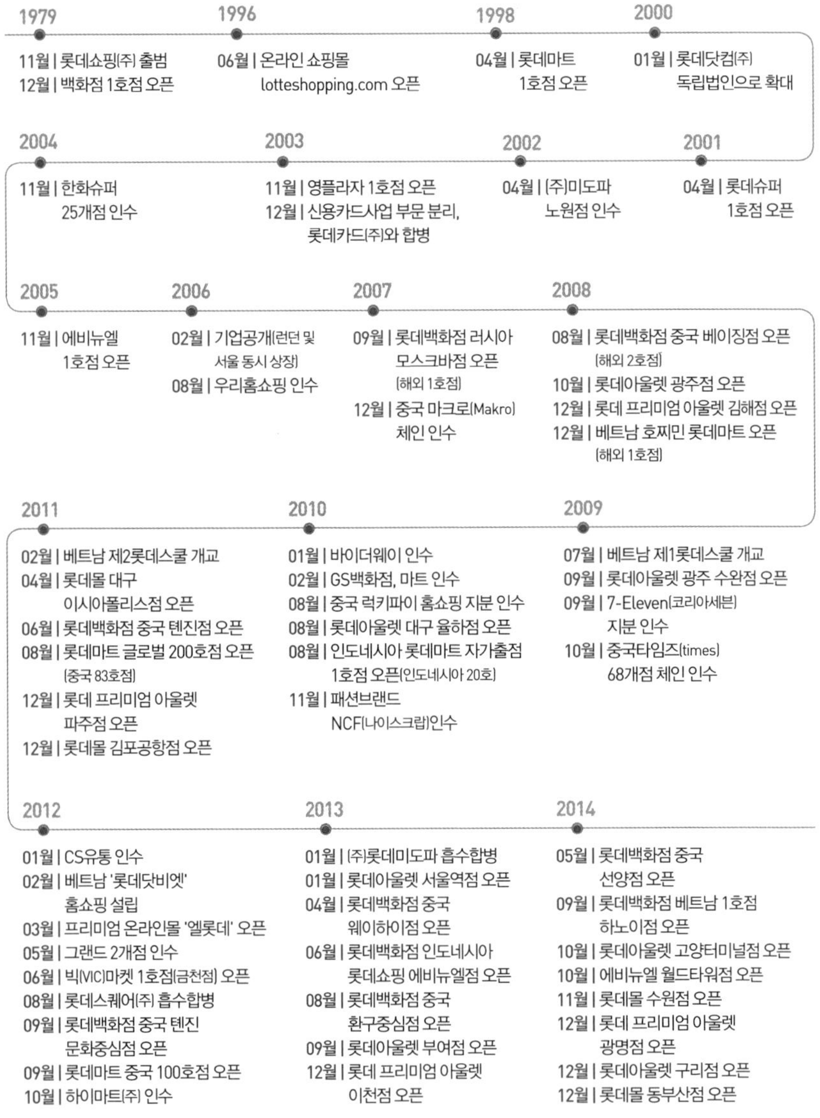

자료: 롯데쇼핑

롯데쇼핑 주요 사업부 및 종속회사별 상세 연혁

주요 사업	주요 종속회사	연 혁
백화점	롯데쇼핑 (백화점사업 부문)	1970.07 협우실업㈜ 설립 1979.11 협우실업㈜을 롯데쇼핑㈜로 상호변경 2006.02 유가증권시장 상장 2010.02 GS리테일 백화점사업 부문 3개 점포 인수 2012.08 롯데스퀘어㈜ 흡수합병 2013.01 ㈜롯데미도파 흡수합병
	롯데미도파	1964.08 주식회사 무역회관 창립 1975.12 유가증권시장 상장 2002.10 롯데그룹 계열사 편입 2013.01 롯데쇼핑㈜와 합병
할인점	롯데쇼핑 (할인점사업 부문)	1998. 강변점 1호점 오픈 2008.05 중국 Makro 인수(마트 8개점) 2008.11 인도네시아 Makro 인수(마트 19개점) 2009.12 중국 Times 인수(마트 57개점, 슈퍼 11개점) 2010.05 GS리테일 할인점 사업 부문 14개 점포 인수 2012.05 그랜드 2개점 인수(마트1, 백화점1)
	Lotte Vietnam Shopping Co., Ltd.	2007. 베트남 호치민 1호점 착공 2008.12 베트남 1호점 남사이공점 개점 2014.12 베트남 10호점 떤빈점 개점
	Qingdao Lotte Mart Commercial	2007.12 중국 청도법인 설립
	Lotte Mart Co., Ltd.	2008.06 중국 Makro 8개점(마트) 법인
	Lotte Mart China 외 38개사	2009.12 중국 Times 68개점(마트) 법인
	PT. Lotte Shopping Indonesia	2008.11 인도네시아 Makro 19개점(마트) 법인
	PT. Lotte Mart Indonesia	2009.09 인도네시아 소매법인 설립 2010.08 Gandaria City점 오픈 2014.08 14호 소매점 개점
금융	이비카드	2009.10 ㈜이비카드 설립 2010.08 SPC 3사 100% 지분 인수(경기, 인천스마트카드㈜, 　　　　　충남스마트카드(유)) 2010.09 ㈜롯데그룹에서 인수(롯데카드 95%, 롯데정보통신 5%) 2010.10 전자금융거래업 등록
	롯데카드	2002.09 롯데그룹, 동양카드 인수 본계약 체결 2002.12 롯데그룹, 아멕스카드와 업무제휴 계약 체결 2002.12 롯데카드주식회사 설립 2003.11 롯데카드 출시 2003.12 롯데쇼핑주식회사로부터 물적분할된 롯데백화점 　　　　　카드사업부를 흡수합병 2011.10 롯데카드-중국은련 제휴 협약

전자제품 전문점	롯데 하이마트	1989.05 하이마트 1호점 용산점 개점 2011.06 한국거래소 상장 2012.10 대표이사 선임(한병희), 주식회사 하이마트→ 　　　　롯데하이마트 주식회사로 사명 변경 2012.12 롯데 상호출자제한기업집단 편입
기타	롯데쇼핑 (슈퍼 사업 부문)	2004.03 ㈜한화유통 체인사업 부문 인수(슈퍼 25개점, 물류센터 1개) 2007.05 ㈜빅마트 인수(슈퍼14개점, 1개 부지) 2007.10 나이스마트 인수(슈퍼 5개점) 2009.11 인터넷 쇼핑몰 e-슈퍼 오픈 2010.05 가맹사업 진출 2012.01 CS유통 지분 인수
	CS유통	2008.09 국가산업발전공로 대통령표창 2012.03 롯데쇼핑 자회사 편입
	롯데송도 쇼핑타운	2011.03 롯데송도쇼핑타운㈜ 설립 2011.06 유상증자 2011.07 인천광역시 연수구 송도동 소재 부지 매입
	롯데쇼핑 (시네마 사업 부문)	1999.10 일산 사업장 오픈 2008.12 남사이공관(3호점) 개관 2009.05 DMC 경영권인수 2010.11 심양심락전영투자관리유한공사 설립(중국) 2010.12 낙천신동북영성 송산관 오픈(중국 심양시) 2011.05 호북흥락영성유한공사 설립(중국 무한시) 2011.09 은홍낙천영원 서원관 오픈(중국 무한시)
	우리홈쇼핑	2001.05 회사 설립 2007.01 롯데쇼핑 당사 인수(2007.02 롯데그룹 편입) 2007.05 TV홈쇼핑 채널명 변경(우리홈쇼핑→롯데홈쇼핑) 2007.05 방송채널사용사업 재승인 취득(2차 재승인) 2008.04 카탈로그 사업 개시 2008.11 물류센터 이전(경기 남양주→경기 군포) 2010.02 본점소재지 이전(서울 양천구 목동→서울 영등포구 양평동) 2010.05 방송채널사용사업 재승인 취득(3차 재승인) 2010.08 중국 럭키파이홈쇼핑 인수 2012.02 베트남 롯데닷비엣 홈쇼핑 설립
	코리아세븐	1988.05 ㈜코리아세븐 설립 1988.07 미국 SouthLand Co.(現 7-Eleven Inc.)와 기술도입 계약체결 1994.08 롯데쇼핑㈜에서 인수(백화점 CVS 사업부) 1997.06 ㈜롯데리아로 합병, ㈜롯데리아 편의점사업본부로 개칭 1999.04 ㈜롯데리아로부터 분리 ㈜코리아세븐 설립 2010.01 바이더웨이 주식 양수도 계약 체결
	바이더웨이	2007.10 제1회 서울충무로국제영화제 공식 후원 2008.12 사랑의 온도 1억℃ 나눔 행사 진행 2009.06 업계 최초, 복층 카페형 편의점 오픈 2010.04 코리아세븐과 합병 2011.12 어린이재단과 스마트 나눔 어플리케이션 출시 2012.03 2012 봄여름 상품전시회 개최

롯데브랑제리	2000.09 법인 설립 2001.04 기술제휴 계약 체결(일본 시키시마 제빵社) 2006.08 신공장 가동 2007.07 뚜레쥬르 식빵 공급 개시 2007.09 공장 HACCP 인증 2010.07 편의점 Mini Stop 공급 개시 2011.01 로드숍 천호점 오픈, 서울지방교정청 공급 개시 2011.02 패스츄리 자동화 라인 구축 2011.06 홈플러스 공급 개시 2013.01 대전지방교정청공급개시
Lotte Shopping Holdings (Singapore) Co., Ltd	2008.08 법인 설립 2008.10 인도네시아 마트 도매법인 설립 2009.09 인도네시아 마트 소매법인 설립 2011.03 인도네시아 백화점 법인 등 출자
Lotte Shopping Holdings (Hongkong) Co., Ltd	2008.08 법인 설립 2009.12 중국 Times 인수 2008.12 중국 천진법인(백화점) 설립 2011.04 중국 길림법인(마트) 설립 2011.05 중국 심양법인(백화점) 설립 2011.06 중국 위해법인(백화점) 설립
LHSC Limited	2010.06 설립 2010.07 중국 홈쇼핑 럭키파이 인수
Lotte Hotel & Retail Vietnam Pte. Ltd.	2011.01 회사 설립

자료: 롯데쇼핑

멘토의 *Tip* ⑯　　　'위기'라는 단어 활용하기

'위기'라는 단어를 활용해봅시다.

롯데쇼핑의 연혁을 표로 잘 정리해놓았으므로 틈틈이 살펴두기 바랍니다. 여기서 잠깐 면접관의 공감과 흥미를 유도할 수 있는 방법을 하나 알려드릴까 합니다.

일단 '위기'라는 단어를 활용해보는 겁니다. 롯데쇼핑이 그동안 성공적인 길을 걸어온 것은 사실이지만, 당장 앞이 안 보인다고 할 정도로 요즘 경제 환경은 녹록지 않습니다. 그래서 '위기'라는 개념을 잘 활용할 필요가 있다는 겁니다.

면접관은 늘 지원자들의 대답이 지루하다고 합니다. 이유는 간단합니다. 무엇을 말하려는지 뻔히 예상된다는 겁니다. 내용은 옳지만 흥미롭지 못하다는 것이죠. 상대방을 흥미롭게 하는 방법은 문제의 심각성을 부각시키는 것입니다. 즉 당연해 보이는 것도 당연하지 않을 수 있다는 것을 보여주는 겁니다. 시장을 이해할 때도 문제의식을 가지고 보라는 의미입니다.

방법론을 소개하자면, 지금 우리가 살고 있는 이 세계가 위기에 처해 있다는 전제에서 출발하는 것입니다. 미국과 유럽의 재정위기가 상존하고 있고 중국은 우리 경제를 언제라도 흡입할 듯하고, 지구촌 테러와 자연재해는 언제 터질지 모르고 등등. 이처럼 누구라도 공감할 만한 리스크 변수를 전제로 깔고 유통업에 대한 자신의 시각을 결합시켜야 공감도가 높아집니다. 전문가처럼 논리정연한 시각을 말하라는 것이 아닙니다. 예컨대, 유통업 관련 마케팅 방법에 대해 간단히 설명해야 하는 상황이라면 앞서 언급한 것처럼 그 산업에 영향을 줄 수 있는 위험요인들을 거론하면서 "그래서 더 이상 기존의 수요·공급과 같은 구태의연한 그래프로 접근해서는 안 된다고 생각합니다"라고 강조하는 것이죠. 물론 그러면 어떻게 해야 하는 것이냐에 대한 생각도 해둬야겠지만 이런 패턴을 활용한 논리 전개를 해야 상대방은 긴장감을 가지고 경청하게 된다는 겁니다.

02

고객 곁에
더 다가가고 싶은 기업

슬로건에서 드러나는 고객 가치

롯데쇼핑의 기업문화는 슬로건에서 힌트를 얻어볼 수 있다. 'Lovely Life, 당신의 삶을 더 사랑스럽게!'가 회사의 슬로건이다. 보통 기업의 비전이나 슬로건이 기업가치 증가를 의미하는 목표지향적인 것이 대부분인 반면, 롯데쇼핑의 슬로건은 '고객에게 접근하는 광고 문구' 같은 느낌이다. 35년 넘게 백화점을 운영하면서 고객 이외의 다른 가치를 생각해본 적이 없는 한 우물 파기 식의 정신이 그대로 드러나는 대목이다. 물론 롯데쇼핑은 2018 비전을 통해 글로벌 Top 5 유통기업이라는 목표를 세워두고 있다. 그 목표를 향해 가는 과정에서 가장 중요한 가치는 바로 고객이라는 점을 잊지 않고 있는 것이다.

롯데인이 추구하는 핵심 전략 세 가지

롯데쇼핑이 추구하는 핵심 전략은 크게 세 가지다. 첫째, 국내 시장 경쟁우위 강화와 둘째, 해외 사업 역량 강화 그리고 셋째, 신성장동력 확대이다. 이를 통해 롯데쇼핑은 글로벌 초우량 유통기업의 비전을 달성하고자 한다. 국내 시장에서 경쟁우위를 강화하는 방안은 몰링malling 환경 조성, 문화와 엔터테인먼트 공간 확대, 기존 점포 MD 및 신규 점포 출점 강화를 들 수 있다. 해외 사업 역량을 강화하는 방안은 철저한 현지 시장조사, 매장 및 상품 구성의 현지화, 브랜드 현지화를 들 수 있다. 신성장동력 확대 방안은 온라인 쇼핑몰을 확장하고, 신업태를 발굴하여 진출하는 것이다.

롯데쇼핑이 지금과 같이 수많은 사업부와 종속회사 및 관계기업을 거느리게 된 데에는, 1970년 회사 설립 이후 여러 건의 M&A를 진행해 왔던 까닭도 크다. 백화점사업부는 미도파, GS리테일의 GS스퀘어 백화점을 인수한 바 있으며 이들은 2012년 말 현재 백화점사업부로 흡수합병된 상황이다. 할인점사업부는 GS리테일의 GS마트를 인수한 바 있으며 국내보다 해외에서 활발한 인수를 진행해 중국, 인도네시아에서 Times 및 Makro 점포를 인수하였다. 금융사업부의 롯데카드는 동양카드를 인수했고 슈퍼사업부는 한화유통 등을 인수함으로써 성장했다. 아울러 2012년 12월 하이마트를 인수함으로써 전자제품 전문 유통점도 보유하게 되었다.

Fig 94

롯데쇼핑 오너 가계도

신격호
• 1922년 울산 출생
  울산농립고
  와세다대 화학공학 보스턴대
  경영학 명예박사
• 1948년 일본 롯데그룹 회장
• 1966년 한국 롯데그룹 회장
• 1998년 호텔롯데 회장
  롯데쇼핑 회장
• 2011년 롯데그룹 총괄회장
  롯데그룹 등기이사
  롯데건설 기타비상무이사

신영자
• 1942년 부산 출생
  부산여고
  이화여대 가정학
• 1973년 롯데호텔 이사
• 1980년 롯데쇼핑 영업담당
  이사
• 1989년 롯데쇼핑 상품본부장
  부사장
• 1997년 롯데쇼핑 총괄 부사장
• 2008년 롯데쇼핑 사장

신동주
• 1954년 출생
  아오야마가쿠인대학교
  컬럼비아대 대학원
• 1990년 일본 롯데그룹 부사장
  롯데알미늄 이사
• 2003년 롯데쇼핑 이사
  롯데홀딩스 부회장

신동빈
• 1955년 일본 출생
  아오야마가쿠인대학교
  컬럼비아대 대학원
• 1982년 노무라증권 런던지점
  근무
• 1990년 일본 롯데 이사
• 1997년 롯데쇼핑 부회장
• 2004년 호남석유화학 공동
  대표이사
• 2011년 롯데그룹 회장

자료: 롯데쇼핑

롯데쇼핑 주요 M&A 내역 – 적극적인 M&A를 통해 유통 전반에 걸쳐 사업 영역을 확장하는 전략 취해

(단위: 억 원)

구분	주요 종속회사	일시	연혁	투자금액
백화점	롯데쇼핑 (백화점사업 부문)	2012년 7월	미도파 노원점 외 7개 백화점 인수	5,420
		2010년 2월	GS리테일 백화점사업 부문 3개 점포 인수	5,200
		2013년 1월	㈜롯데미도파 흡수합병	1:0.038 비율
할인점	롯데쇼핑 (할인점사업 부문)	2008년 5월	중국 Makro 인수 (마트 8개점)	835
		2008년 11월	인도네시아 Makro 인수 (마트 19개점)	2,156
		2009년 12월	중국 Times 인수 (마트 57개점,슈퍼 11개점)	7,350
		2010년 2월	GS리테일 할인점사업 부문 14개 점포 인수	8,200
		2012년 5월	그랜드 2개점 인수 (마트1, 백화점1)	1,540
금융	롯데카드	2002년 9월	동양카드 인수 본계약 체결	
기타	롯데쇼핑 (슈퍼사업 부문)	2004년 3월	㈜한화유통 체인사업 부문 인수(슈퍼 25개점, 물류센터 1개)	1,608
		2007년 5월	㈜빅마트 인수(슈퍼14개점, 1개 부지)	800
		2007년 10월	나이스마트 인수(슈퍼 5개점)	200
		2012년 1월	CS유통 지분 인수	2,468
	롯데하이마트	2012년 12월	하이마트 인수	12,481
	우리홈쇼핑	2007년 1월	우리홈쇼핑 인수	4,381
	코리아세븐	2010년 1월	바이더웨이 주식 양수도 계약 체결	2,740
	LHSC Limited	2010년 7월	중국 홈쇼핑 럭키파이 인수	360

자료: 롯데쇼핑

산업 이슈 정리하며 교훈과 시사점 찾기

산업 내 이슈를 정리해보면서 교훈이나 시사점을 찾아봅시다.

기업문화를 이해하려면 산업 내 이슈를 함께 정리하면서 교훈이나 시사점을 찾는 방법이 유용합니다. 즉 자신이 지원하려는 산업과 연관성이 있는 이슈를 분석하는 과정에서 남과 차별화할 수 있는 시각을 얻을 수 있습니다. 취준생의 경우 아직은 산업에 대해 본격적으로 접할

수 없었기 때문에 리포트 형식으로 작성된 전문가들의 이슈 분석을 적극 활용할 필요가 있습니다. 인터넷을 검색해보면 이슈에 대해 분석한 리포트가 각 산업별로 무수히 많다는 사실을 발견할 겁니다. 국내만 하더라도 정확한 숫자는 파악하기 어렵지만 유통산업에서 자동차, 미용 등에 이르기까지 산업별로 관련 연구단체들이 활동하고 있습니다. 산업단체별로 연구 기능이나 정보화 수준에 차이는 있겠지만 적어도 해당 산업과 관련한 이슈를 분석하여 웹상에 제공하는 구조는 크게 다르지 않습니다.

이슈를 활용하는 간단한 예를 살펴보겠습니다. 코트라(대한무역투자진흥공사)의 해외 비즈니스 정보포털인 글로벌윈도우(www.globalwindow.org)에 방문하여 스페셜리포트 코너를 보면 '미국 시장 핵심 소비계층 공략 방안'이란 제목의 리포트가 올라와 있습니다. 대강의 내용은 미국의 소비시장은 여전히 침체 기조에 있지만 '베이비부머', '히스패닉', '밀레니얼 세대' 등과 관련된 시장은 견조한 성장세여서 미국 소비시장에 진출해 있거나 앞으로 진출할 기업은 참고하라는 겁니다. 이런 분석 리포트는 여러 측면에서 활용 가치가 높습니다. 내용을 살짝 보면 미국의 베이비부머들의 연간 지출액이 2조 3,000억 달러에 달하고 있고, 이들은 3不, 즉 불안, 불만, 불편에 민감하다는 점, 그리고 이들은 손주와의 친밀감에 관심이 매우 높다는 점을 지적하고 있습니다. 그 예로 미국의 완구업체 토이저러스가 조부모를 직접 대상으로 한 비즈니스 영역을 확대하고 있다는 점을 들고 있습니다. 그렇다면 이제 할 일은 이런 이슈를 자신의 콘텐츠로 만들어보는 일입니다. 미국 베이비부머가 3不에 민감하다면 우리나라 베이비부머는 3不이 아니라 4不(예컨대 3不+불신, 불면, 불로 등등)의 요소는 없는지 살펴볼 수 있을 겁니다. 만일 자신이 생각하는 4不이 그럴듯하다고 생각된다면 자소서나 면접에서 예상되는 질문에 맞추어 '4不'이라는 표현을 그대로 활용해서 제목을 흥미롭게 만들거나 또는 그에 해당하는 내용을 일부 활용해서 자신의 의견을 피력하면 경쟁자와 차별화하기 쉬울 겁니다.

 **업계 용어 노트 정리 기회를 만들어봅시다.**

'Jargon'은 사전적으로 전문어 혹은 은어라고 해석되지만 비즈니스 세계에서는 특정 그룹에서 사용하는 그들만의 용어라는 뜻으로 통용됩니다. 실제로 영어 발음 그대로 '자곤'이라고도 사용하죠. 그냥 업계 종사자들이 일상에서 흔히 사용하는 은어라든지 작업상에서 사용하는 용어라고 생각하면 됩니다.

전문용어도 포함될 수 있으나 핵심 전문용어 같은 경우는 이해를 잘해두면 되고, 일상에서 사용하는 은어나 작업 시 사용하는 업계 용어는 자소서 작성이나 면접에서 활용할 부분이 많습니다.

자곤을 알아보는 방법은 간단합니다. 우선, 관련 업계 종사자들에게 물어보는 겁니다. 가족이나 선후배 인연을 통해 미팅 기회를 가져볼 수 있을 것이며 아예 특정인에게 자기소개를 하고 찾아가 뵙는 것도 가능할 겁니다. 간접적인 방법으로는 온라인상에서 정보를 수집하는 것입니다. 블로그나 언론 기사 등을 통해서 업계 용어에 대한 설명이 정리된 사례를 찾아 정리해볼 수 있습니다. 본문에 설명되어 있는 내용은 참고로 하되 여타 용어들도 많이 존재할 수 있으므로 노트 정리 기회를 만들어보기 바랍니다.